Reihe
Apologetische
Themen

R.A.T. 4

Herausgegeben
von
Werner Thiede

Lorber-Bewegung –
durch Jenseitswissen zum Heil?

Seit jeher gilt das Schrifttum des steirischen Komponisten und Musiklehrers Jakob Lorber (1800-1864) in Neuoffenbarungskreisen als ein Meilenstein auf dem Weg göttlicher Enthüllungen über Kosmos, Mensch und Jenseits. Besonders ihrer unerklärlichen Entstehung wegen betrachtet sie der gläubige Anhängerkreis, der sich um die Verbreitung der Kundgaben bemüht, als Fortführung bzw. Vertiefung biblischen Gedankengutes durch das göttliche „innere Wort", das Lorber in sich zu vernehmen glaubte. Im Gegensatz zu anderen Neuoffenbarungsgruppen bevorzugt die Lorber-Bewegung ein eher beschauliches und zurückgezogenes Dasein. Im Vordergrund stehen das Studium und die praktische Umsetzung der Lorber-Lektüre. Dennoch lassen jüngste Entwicklungen in ihrer organisatorischen Struktur den Schluß zu, daß stärker als bisher die Öffentlichkeit gesucht wird.

Aufgrund des – zumeist internen – Quellenmaterials versucht der Autor das Phänomen „Neuoffenbarung" kritisch zu beleuchten und Orientierungshilfen anzubieten. Er gibt dabei einen Einblick in die Entwicklung der Lorber-Bewegung von den ersten Niederschriften Lorbers bis zum Nachwirken der Kundgaben in unserer Zeit. Die darstellende Analyse der Lorber-Bewegung soll Aufschluß über ihr Eigenleben geben – nicht zuletzt auch darüber, welchen Einfluß die „Neuoffenbarung" Lorbers auf das Leben der Lorber-Freunde nimmt und welche Schwierigkeiten sich daraus für ihr Verhältnis zur Kirche ergeben.

Pfarrer z.A. *Matthias Pöhlmann*, geboren 1963, ist seit 1992 wissenschaftlicher Mitarbeiter und Doktorand am Institut für Praktische Theologie (1992-1993 Abteilung Christliche Publizistik, seit 1994 am Lehrstuhl für Missions- und Religionswissenschaft) der Universität Erlangen-Nürnberg. Nach dem Studium der evangelischen Theologie in Erlangen, Heidelberg und München sowie einem Praktikum beim damaligen Beauftragten für Sekten und Weltanschauungsfragen der bayerischen Landeskirche F.-W. Haack war er Vikar in Baiersdorf/Mittelfranken; von 1990-1992 absolvierte er das „Curriculum Apologetik" der Evangelisch-Lutherischen Kirche in Bayern.

Matthias Pöhlmann

LORBER-BEWEGUNG –
durch Jenseitswissen zum Heil?

Friedrich Bahn Verlag Konstanz

Reihe
Apologetische
Themen

R.A.T. 4

Herausgegeben
von
Werner Thiede

Für Gaby

Die Deutsche Bibliothek-CIP-Einheitsaufnahme

Pöhlmann, Matthias:
Lorber-Bewegung : durch Jenseitswissen zum Heil? / Matthias
Pöhlmann. – 1. Aufl. – Konstanz : Bahn, 1994
  (Reihe „Apologetische Themen" ; Bd. 4)
   ISBN 3-7621-7704-X
NE: GT

1. Auflage 1994
© 1994 by Friedrich Bahn Verlag, Konstanz
Gesamtherstellung: MZ-Verlagsdruckerei GmbH, 87700 Memmingen
Umschlaggestaltung: Hartmut Namislow, Essen, unter Verwendung eines
Fotos von Jakob Lorber
ISBN 3-7621-7704-X
Printed in Germany

Vorwort des Herausgebers

Antworten und verteidigen – das sind die Bedeutungen des Wortes *Apologetik*. Damit ist eine Grundfunktion christlichen Denkens und Handelns bezeichnet, die sich aus der Notwendigkeit der Auseinandersetzung mit den geistigen Herausforderungen der jeweiligen Zeit für Kirche und Theologie ergibt. Sie ist zu verschiedenen Zeiten in unterschiedlicher Weise wahrgenommen worden. Heutzutage bedarf es einer neuen Form der Apologetik: In unserer nachchristlichen, pluralistischen Gesellschaft gilt es zu bedenken, daß immer weniger Grundkenntnisse dessen vorausgesetzt werden können, was Inhalte und zentrale Anliegen christlichen Glaubens anbelangt. Zugleich dürfen diese elementaren Bausteine und Strukturen nicht einfach nur positionell oder gar polemisch verteidigt werden; vielmehr ist eine dialogische Offenheit erforderlich, die die Einladung des christlichen Glaubens authentisch ins Gespräch mit der Zeit bringt (dazu näherhin mein Aufsatz „Apologetik und Dialog", als EZW-Sonderdruck erhältlich).

Deshalb gehört es mehr denn je zu den Aufgaben der Apologetik, das Positive, die Grundlagen deutlich zu machen, um derentwillen sie kritisch, natürlich auch selbstkritisch, argumentiert. Daß sie nicht Standpunktlosigkeit vortäuscht, sit im Zeitalter des religiösen Pluralismus eher ein Vorteil als ein Nachteil. Sie kann und darf nicht länger den Anschein erwecken, als erhebe sie ihre Stimme zu Protest, Warnung und Aufklärung allein auf einer mehr oder weniger neutralen Basis, wie das noch möglich war, als Volkskirche und Gesellschaft enger ineinander verschlungen waren. Sosehr sie eine solche Basis als plausiblen Verständigungshorizont zu begrüßen und zu verdeutlichen hat, so sehr muß sie doch auch ihren eigentlichen Handlungsgrund ausdrücklich darlegen, argumentativ benennen, als im Christusglauben fundiert bekennen.

Von daher sieht die R. A. T. neben der Beschäftigung mit Gruppen, Organisationen und Bewegungen, welche die Grundbekenntnisse christlicher Kirchen nachhaltig in Frage stellen, eigens die Behandlung zentraler Glaubensfragen in theologisch-apologetischer Absicht vor. Sie stellt sich entsprechend als „Zwillingsreihe" dar: Unter dem Namen „Reihe Apologetische Themen" blickt sie sozusagen kritisch nach draußen; unter dem Namen „Reihe Apologetische Theologie" wendet sie sich nicht weniger kritisch nach innen, um elementare Topoi des christlichen Glaubens gegen Verzerrungen, Verbiegungen oder Nivellierungen im Binnenraum von Theologie und Kirche zu verteidigen (diese zweite Reihe wird voraussichtlich 1995 starten).

Das R. A. T.-Programm ist somit umfassend angelegt, wie ja recht verstandene Apologetik seit jeher eine Grundaufgabe denkend verantworteten Glaubens gewesen ist. Lebendige Auseinandersetzung ist für christliche Religiosität unumgänglich, weil sie sich geschichtlich begründet und orientiert. Zu diesem Dienst möchte die R. A. T. beitragen, indem sie fair informiert und dabei durchaus unterschiedliche Standpunkte erkennten läßt, die ja das interkonfessionelle und interreligiöse Gespräch keineswegs verhindern, sondern ihm erst die eigentliche Würze verleihen. Nicht die Gleichschaltung von Positionen und Anschauungen kann ihre Methode oder gar ihr Ziel bestimmen, sondern die Erarbeitung präziser Information, die dem Austausch ebenso dient wie der Orientierung und vertiefenden Vergewisserung des eigenen Glaubens. So möchte sie in den Jahren um die Jahrtausendwende zu verschiedensten apologetischen Fragen Rat und Hilfen anbieten, ohne dabei die christlich-theologischen Grundlagen zu verbergen.

Was den vorliegenden vierten Band betrifft, so freue ich mich, daß die R. A. T. wieder um eine äußerst kompetente Studie bereichert wird. Matthias Pöhlmann hat nicht nur gut recherchiert, sondern bietet auch gelungene geisteswissenschaftliche Analysen, die apologetisch wertvoll sind. Damit wird eine empfindliche Lücke auf dem Gebiet der kritischen Befassung mit dem Phänomen „Neuoffenbarungen" geschlossen.

Werner Thiede

Inhalt

I. Hinführung zum Phänomen „Neuoffenbarung"

„Immer mehr nachdenkliche Menschen fragen sich, ob die ständige Zunahme der Naturkatastrophen wie Erdbeben, Wasserfluten, Dürre, Orkane und klimatische Veränderungen den Trend einer Unheil verkündenden Entwicklung darstellt. In dieser Situation, in der sich die wirtschaftliche und religiöse Landschaft zunehmend verändert, wird heute den Menschen des Industriezeitalters eine prophetische Botschaft aus dem 19. Jahrhundert verkündet, die aufhorchen läßt."[1] Mit diesen Worten wirbt der Lorber-Anhänger *K. Eggenstein* in seiner jüngst neuaufgelegten Streitschrift für die Bücher des österreichisch-steirischen Komponisten Jakob Lorber (1800-1864), der als „Schreibknecht Gottes" bis in die Gegenwart gläubige Bewunderer findet. Die noch zu seinen Lebzeiten gedruckten und später wiederholt aufgelegten Bände gelten bei seinen Anhängern als göttliche Neuoffenbarung und werden dementsprechend als direktes, unverfälscht göttliches Wort betrachtet. Im wesentlichen handelt es sich dabei um medial vermittelte Jenseitsbotschaften, die Lorber durch das „innere Wort" direkt von Gott bzw. Jesus Christus eingegeben worden seien und für Interessierte neue, tiefsinnige Erkenntnisse über Gott und die Welt bieten wollen. „Hauptzweck der Botschaft des Himmels an die Menschen der Endzeit ist die Wiedergabe der Heilsbotschaft Jesu in ihrer ursprünglichen Form" – so würdigt ein Lorber-Gläubiger im „Esoterik-Jahrbuch 1988"[2] die bleibende Bedeutung dieser Neuoffenbarungsbotschaft. Während in den Evangelien lediglich „Bruchstücke der Lehre Jesu" zu finden seien, wollen demgegenüber die Schriften Lorbers mit den tagebuchartigen, göttlichen Diktaten authentische Informationen über das irdische Wirken Jesu bieten.

Die Hoffnung, originalgetreues, „kirchlich unzensiertes" Textmaterial mit ganz neuen Erkenntnissen über das Leben des Galiläers in Händen halten zu können, hat seit dem gesteigerten Interesse an der Qumran-Literatur wieder Hochkonjunktur. An Brisanz für die kirchliche Apologetik gewinnt der von Sekten bzw. Neureligionen (*Mormonen*, *Vereinigungskirche*) vielerorts erhobene Anspruch, dieses Wissen direkt von Gott über auserwählte Mittler, zumeist in Gestalt der jeweiligen Gründerfigur, empfangen zu haben. Moderne Neuoffenbarungsbewegungen wie das Würzburger *Universelle Leben* der Gabriele Wittek, der *Lichtkreis Christi e.V.* oder der Orden *Fiat Lux* des Schweizer

Tieftrancemediums Erika Bertschinger-Eicke alias „Uriella" berufen sich auf die unhinterfragbare Autorität des angeblich medial übermittelten „Christus-Wissens". Verbunden mit massiver Polemik gegen über den christlichen Kirchen versuchen sie Anhänger für ihr spiritistisch-gnostisches, außerbiblisches Weltanschauungskonzept zu rekrutieren. Die Kundgaben Lorbers beanspruchen ebenfalls, göttlichen Ursprungs zu sein. Nicht zuletzt deshalb hoffen ihre Verbreiter von dem allgemein gesteigerten Interesse an neuen Jesus-Texten profitieren und Leser für die Schriften des Schreibknechts gewinnen zu können. Detailliertes Jenseitswissen wird zusätzlich in Aussicht gestellt. Dementsprechend umfangreich sind die Botschaften. Sie umfassen 25 Bände, die Lorber durch innere Diktate über zwei Jahrzehnte hinweg empfangen und niedergeschrieben hatte. Zudem gelten diese Bücher auf dem Gebiet der medialen Kundgaben als „Klassiker" unter den sich in der Folgezeit deutlich häufenden neuen Offenbarungen. Heutige Neuoffenbarungsgruppen oder Einzelgänger, die sich ebenfalls auf den Empfang des „inneren Wortes" berufen, erweisen sich bei genauer Analyse ihrer Kundgaben durch das Lorber-Schrifttum und die darin entfaltete Lehre inspiriert oder teilweise direkt beeinflußt.

Der Inhalt der Bücher Lorbers mit insgesamt 10.000 Druckseiten umfaßt Auskünfte über die Bedeutung der Schöpfung, Sinn und Ziel des menschlichen Lebens im göttlichen Heilsplan sowie lebenspraktische Anleitungen. Lorbers Bücher verheißen dem Leser einen Blick hinter den Vorhang der göttlichen Schöpfungsgeheimnisse.

Die Lorber-Freunde verzichteten seit jeher auf eine feste Gruppenstruktur. Dennoch lassen sich bei ihnen spezifische Merkmale einer spiritualistischen Sondergemeinschaft entdecken. Die Lorber-Bewegung umfaßt in der Gegenwart den *Lorber-Verlag*, der die Schriften vertreibt, die *Lorber-Gesellschaft* (einen eingetragenen Verein, der sich um die Verbreitung der Neuoffenbarung bemüht) sowie die *Lorber-Kreise,* die das Werk Lorbers studieren. Der Einfluß bleibt nicht auf die unmittelbare Anhängerschar beschränkt, sondern erfaßt ebenso interessierte Einzelne.

Die Lesergemeinde ist nicht allzu groß. Sie führt ihr Eigenleben seit jeher im Verborgenen. Dennoch ist in letzter Zeit, besonders seit Beginn der achtziger Jahre, wieder ein verstärktes, öffentliches Werben für die Lorberschen Kundgaben festzustellen. Ihre Verbreiter haben es stets abgelehnt, sich zu einer eigenständigen religiösen Gruppe zu formieren. Deshalb sind sie größtenteils Glieder ihrer Kirchen. Sie studieren die Schriften allein oder mit anderen und treten weniger durch breitangelegte missionarische Aktivitäten in Erscheinung, weswegen sie eher zu den „Stillen im Lande" zählen.

Welche neuen, weiterführenden Erkenntnisse meinen die Anhänger in dem umfangreichen Schrifttum zu finden? Welche Aussagen werden über Gott und den Menschen gemacht? In welchem Verhältnis stehen die Lorberschriften zur Bibel? Welche Schwierigkeiten ergeben sich, wenn Menschen sich intensiv diesem göttlichen Jenseitswissen zuwenden? Zur Klärung dieser Fragen möchte dieses Buch einen Beitrag leisten.

Der Verfasser hat die Entwicklung der Lorber-Bewegung über Jahre hinweg durch Lektüre der Schriften, durch Gespräche und Korrespondenz mit verschiedenen Lorber-Anhängern verfolgt. Deshalb wird in diese Betrachtung Quellenmaterial einbezogen werden, das bislang unbekannt oder nur schwer zugänglich war. So ergibt sich ein guter Einblick in die gesamte Lorber-Bewegung, ihre Entwicklung, Organisation und ihr Bemühen um die Verbreitung der Lorberschriften.

Nicht immer ist das Verhältnis zur Kirche spannungsfrei. Die Differenzen mit den größeren Glaubensgemeinschaften liegen begründet in den Glaubensüberzeugungen der Lorber-Anhänger, in ihrer „Neuoffenbarungstheologie", die skizziert und einer kritischen Würdigung unterzogen werden soll.

Auf diesem Wege kann es möglich werden, sich einer religiösen Sondergemeinschaft anzunähern und in eine sachliche Auseinandersetzung mit ihr einzutreten, um dadurch – gemäß der apologetischen Zielsetzung dieser Buch-Reihe – nicht zuletzt auch zu einer Klärung der eigenen Position beizutragen.

II. Vom Musiker zum „Schreibknecht Gottes"

1. Das Leben Jakob Lorbers (1800-1864)

Über das Leben Lorbers gibt vor allem die Biographie des Lorber-Anhängers Karl Gottfried Ritter von Leitner[1] Auskunft. Weitere Informationen lassen sich dem Buch „Briefe Jakob Lorbers" des Lorber-Verlages[2] entnehmen. Jakob Lorber wurde am 22. Juli 1800 in Kanischa bei Marburg (Steiermark), dem heutigen Maribor (Slowenien), geboren. Seine Eltern waren Weinbauern. Vom Vater soll – wie es heißt – Jakob, der Älteste von drei Söhnen und einer Tochter, die Vorliebe zur Musik ererbt haben. So erlernte er schon bald das Violin-, Klavier- und Orgelspiel. Als 17jähriger wollte er sich zum Volksschullehrer ausbilden lassen und besuchte deswegen eine entsprechende Unterrichtsstätte im nahegelegenen Marburg. Nach dem Abschlußexamen ging er in den Landschuldienst. Doch schien die Begeisterung für diesen Beruf nicht lange angehalten zu haben, denn kurze Zeit später entschloß er sich zum Besuch des Gymnasiums. Einer der Gründe war wohl, daß er zuvor von einem Kaplan Lateinunterricht[3] erhielt, der in ihm den Wunsch, sich zum Priester ausbilden zu lassen, wach werden ließ. Deshalb besuchte er das Gymnasium im nahegelegenen Marburg an der Drau. Im Herbst 1824 wechselte er zu „weiteren Studien" als Privatschüler nach Graz über, wo er – von wenigen Ausnahmen abgesehen – sein künftiges Leben verbringen sollte. Im selben Jahr noch brach Lorber jedoch aus finanziellen und persönlichen[4] Gründen seine schulische Laufbahn ab, und er verdiente von nun ab seinen Lebensunterhalt als Hauslehrer bei einer Familie in Graz.

Fünf Jahre später absovierte er noch den „höheren pädagogischen Kurs für Lehrer an Hauptschulen", doch die Hoffnung auf eine feste Anstellung als Lehrer schlug fehl, so daß er sich nun anderweitig nach einem Lebensunterhalt umsehen mußte. Was ihm blieb, war die Musik: das Klavier- und Violinenspiel. Die Begegnung mit dem Violinspieler Paganini im Jahre 1828 in Wien weckte in ihm den Wunsch, diesem Ideal nachzueifern. Er wurde mit ihm persönlich bekannt und erhielt von ihm auch einige Stunden Unterricht. In den folgenden Jahren gab Lorber kleinere Konzerte und schrieb hie und da Konzertkritiken für eine Grazer Zeitung.

In der Folgezeit, besonders nach seinem spiritualistischen Widerfahrnis im Jahre 1840, verdiente er sich seinen Lebensunterhalt mit einzelnen Musikstunden, die er gab, und durch Klavierstimmen. Seine Freunde unterstützten ihn finanziell bis zu seinem Lebensende.

In Lorber schien auch eine bislang ungestillte Sehnsucht nach geistigem Durchblick zu existieren. Sein Interesse galt der Astronomie und der Mathematik, im besonderen der Entstehung der Welt. Mit einem Fernrohr studierte er oft, allein oder mit Freunden, die Planeten und Sterne am Abend auf einem nahegelegenen Berg bei Graz. „Hier betrachtete er dann selbst und zeigte auch seinen Begleitern mit immer erneutem Interesse den narbenvollen Mondball, den Jupiter mit seinen Trabanten, den Saturn mit seinem Lichtringe, die übrigen Planeten und den sich wunderbar auftuenden Sternenhimmel von Myriaden leuchtender Weltkörper, zu welchen sich die Milchstraße und die Nebelflecke vor dem Objektivglase seines Tubus in das Unendliche auseinanderbreiteten. Gern gewährte er den Genuß dieses erhabenenen Einblickes in die Unermeßlichkeit des Weltalls auch jedem vorüberwandelnden Spaziergänger, der etwa neugierig an sein Instrument herantrat. Und er empfand stets eine genugtuende Freude, wenn es der fremde Schaugast dann mit der Miene oder wohl gar mit einem Worte frommer Bewunderung dankend erwiderte."[5] Engen Kontakt zur katholischen Kirche, der er entstammte, schien Lorber nicht gepflegt zu haben. Zwar war er im katholischen Glauben getauft und erzogen worden (er versah den Chor- und Ministrantendienst), doch wandte er sich in den folgenden Jahren vermehrt dem Spiritualismus zu. Er wollte in die Geheimnisse der „geistigen Welt" eindringen. So muß die Bemerkung seines Biographen Ritter von Leitner in ihrer ganzen Tragweite beachtet werden: „Von jeher machte sich in seinem Wesen eine gewisse Innerlichkeit bemerkbar, allmählich begannen sich auch bedeutungsvolle Träume, ja sogar Visionen einzustellen"[6]. Unwidersprochen wird die Schilderung einer Begebenheit Lorbers, die L. Favre-Clavairoz erwähnt hatte[7], in Ritter von Leitners direkter Entgegnung[8] hingenommen: „Als er (Lorber; der Verf.) eines Tages durchs Feld ging, sah er eine Gestalt auf sich zukommen, in der er einen Jugendbekannten erkannte, dessen Leichenbegräbniss er vor 2 Jahren beigewohnt hatte. Er wollte entfliehen, denn seine Angst war gross, aber sein Freund hielt ihn zurück und bat ihn, am folgenden Tage des Morgens ihn auf einem benachbarten Berge zu treffen. Er verfehlte nicht, diess zu thun, und fand dort wirklich, seinem Versprechen treu, seinen Freund, der ihm den Rath gab, die musikalischen Studien fortzusetzen. Dann verkündete er ihm, dass er später, im Innern seiner Seele, Gebote von Gott selbst erhalten werde, welche er niederschreiben müsse." Diese Schilderung fügt sich recht gut in die auch bei Ritter von Leitner genannten „Visionen" Lorbers ein. Außerdem las der spätere „Schreibknecht Gottes" Werke von *Justinus Kerner, Jung-Stilling, Emanuel Swedenborg*[9], *Jakob Böhme und Johann Baptist Kerning*. Nach Auskunft seines Biographen konnten die Bücher keineswegs seinen Wissensdurst stillen, so daß er sie wieder beiseite legte. Dennoch empfing er durch die Lektüre von Büchern aus dem Bereich des Okkultismus wichtige Impulse für seine weitere Beschäftigung mit religiösen Fragen, die weiterhin ungelöst blieben. Schon hier kann von einer grundsätzlichen Offenheit und auch Empfänglichkeit Lorbers für alle Versuche der damals gängigen theosophisch-okkulten Weltdeutung ausgegangen werden. Diese tiefe Sehnsucht nach Erkenntnis und gedanklicher Durchdringung der Weltzusammenhänge spielte in der Persönlichkeitsstruktur Lorbers offenbar eine bedeutendere Rolle als weithin angenommen. So verschweigt der Lorber-Propagandist *K. Eggenstein*[10] in der Schilderung der Biographie Lorbers offenbar ganz bewußt diese Suche Lorbers nach geistigem Durchblick, um ihn als gänzlich „unvorbereitet" für die spätere Berufung zum „Schreibknecht" darzustellen. Auch die eifrige Lorber-Freundin *M. Eckl* versucht den Stellenwert der bereits genannten Okkultliteratur für die spätere „Berufung" Lorbers herunterzuspielen, wenn sie vermutet: „Es gehörte wohl auch dies zu dem von Gott festgelegten Plan seines Lebens, daß er sich auch von geistigem Wissen weitgehend frei hielt ... Er sollte von der Existenz dieser Werke nur erfahren (vielleicht, um seine spätere Berufung begreifen und einordnen zu können), doch nicht von ihnen ergriffen zu werden. Gott brauchte ein *leeres* Gefäß für die Botschaft aus den Himmeln; ihr Empfänger durfte sie keinesfalls mit dem Geistesgut seiner Vorgänger vermischen oder durch dieses irritiert werden."[11] Selbst der evangelische Theologe *A. Fincke*[12] scheint in seiner kritischen Auseinandersetzung dieses Problem nicht genügend zu berücksichtigen bzw. in seiner Bedeutung gar zu unterschätzen. Ob man – wie er es tut – für eine grundsätzliche Einschätzung Lorbers als „göttlichem Schreibknecht" allein der Beobachtung eines zeitgenössischen Lorber-Vertrauten und -Anhängers folgen kann, scheint m.E. fraglich und für eine Beurteilung nicht überzeugend genug. Dabei wird leider die Bemerkung des

Ritter von Leitner übersehen, der hinsichtlich des Lesestoffes Lorbers u. a. Bücher des Freimaurers *Johann Baptist Kerning* erwähnt, die dem späteren „Propheten" „wichtige Fingerzeige" gegeben hätten[13]. Wie sich dem „Internationalen Freimaurerlexikon"[14] entnehmen läßt, handelt es sich hierbei um ein Pseudonym. Johann Baptist Krebs alias J. B. Kerning bzw. Gneising (1774-1851) war ursprünglich katholischer Theologe, anschließend Opernregisseur in Stuttgart und maßgeblich mitbeteiligt beim Wiederaufleben der zwischenzeitlich in Württemberg untersagten Freimaurerei. Er wird als ein „freimaurerischer Schriftsteller mit stark theosophischem Einschlag"[15] eingestuft. Besonderes Interesse entwickelte er für „den tiefen Sinn der freimaurerischen Symbolik" und versuchte ihn zu ergründen, indem er die prophetische Kraft im Menschen wiederbeleben wollte[16]. Somit ist es nicht verwunderlich, wenn das Wesen neuer Prophetie, ihrer Voraussetzungen und die Frage ihrer Übermittlung für Lorber immer mehr in den Mittelpunkt seines Fragens und Denkens rückten und er dadurch „wesentliche Fingerzeige" für seine Niederschriften erhalten sollte.

2. Berufung zum „Schreibknecht Gottes"

Das entscheidende Erlebnis im Leben Lorbers datiert sein Biograph und Anhänger Ritter von Leitner auf den 15. März des Jahres 1840. Mitten in den Vorbereitungen zu einem Umzug nach Triest, wo Lorber die lukrative Stelle eines zweiten Kapellmeisters antreten sollte, wird er zum „Schreibknecht Gottes" berufen. Er hatte „um 6 Uhr morgens ... gerade sein Morgengebet verrichtet und war im Begriffe, sein Bett zu verlassen, da hörte er links in seiner Brust, an der Stelle des Herzens, deutlich eine Stimme ertönen, welche ihm zurief: ‚Steh auf, nimm deinen Griffel und schreibe!' – Er gehorchte diesem geheimnisvollen Rufe sogleich, nahm die Feder zur Hand und schrieb das ihm Vorgesagte Wort für Wort nieder ... Und die ersten Sätze ... lauteten: ‚So spricht der Herr für jedermann, der komme zu Mir, und Ich werde ihm die Antwort in sein Herz legen. Jedoch die Reinen nur, deren Herz voll Demut ist, sollen den Ton meiner Stimme vernehmen.'"[17] Daraufhin lehnte Lorber das Stellenangebot ab und widmete sich nunmehr ganz jener inneren Stimme – von nur kurzzeitigen Unterbrechungen abgesehen – bis zu seinem Tod im Jahre 1864. Das Ergebnis seiner 24jährigen Schreibtätigkeit waren 25 zum Teil recht umfangreiche Bände mit über 10000 Druckseiten. Lorber selbst hatte nie Zweifel daran, daß der Urheber der von ihm empfangenen Diktate Jesus Christus sei[18]. So schrieb er 1858 an einen Freund: „Bezüglich des inneren Wortes, wie man dasselbe vernimmt, kann ich, von mir selbst sprechend, nur sagen, daß ich des Herrn heiligstes Wort stets in der Gegend des Herzens wie einen höchst klaren Gedanken, licht und rein, wie ausgesprochene Worte vernehme. Niemand mir noch so nahe stehend, kann etwas von irgendeiner Stimme hören. Für mich erklingt diese Gnadenstimme aber dennoch heller als jeder noch so materielle Ton."[19] Neben diesem „inneren Wort" soll Lorber auch Botschaften Verstorbener, von denen er Grüße übermitteln sollte, empfangen haben. So soll ihm wiederholt die verstorbene Ehefrau Ritter von Leitners erschienen sein, die ihrem Mann durch Lorber Ratschläge oder Warnungen zukommen ließ[20]. Auch in anderen Fällen schien der „Schreibknecht" als Medium für Botschaften von Verstorbenen fungiert zu haben, die ihm Auskunft über das Jenseits und öfters „Grüße und andere Botschaften" übermittelten. Neben der „inneren Stimme" des Herrn im Herzen soll er – allerdings „im Hinterkopf" – Kundgaben von anderen „Geistern" gehört haben, die zumeist Warnungen und medizinische Ratschläge an Freunde enthielten. Schon bald wurde aus diesen spiritistischen Praktiken mehr. Neben den eher niederen jenseitigen Wesenheiten meldete sich nunmehr die höchste Autorität, Jesus Christus, über Lorber selbst zu Wort. Der Übergang zum Spiritualismus war damit vollzogen. Lorber schrieb nun 24 Jahre in seiner Grazer Zurückgezogenheit die Botschaften der „inneren Stimme" nieder. Der Augenzeuge und Lorber-Freund Ritter von Leitner berichtet: „Lorber begann dieses Schreibgeschäft . . . fast täglich schon morgens vor dem Frühstück, welches er in seinem Eifer nicht selten ganz unberührt stehen ließ. Dabei saß er, meistens mit einer Mütze auf dem Kopfe, an einem kleinen Tischchen, im Winter knapp neben dem Ofen, und führte ganz in sich gekehrt, mäßig schnell, aber ohne je eine Pause des Nachdenkens zu machen oder eine Stelle des Geschriebenen zu verbessern, ununterbrochen die Feder, wie jemand, dem von einem andern etwas vorgesagt wird. Zum wiederholten Mal tat er, wenn er hiervon sprach, auch die Äußerung, er habe während des Vernehmens der ihm einsagenden Stimme auch die bildliche Anschauung des Gehörten. Seiner Aussage nach teilte sich das innere Vernommene aber noch leichter mit, wenn er es einem andern mündlich kundgeben konnte. Und in der Tat diktierte er einigen seiner Freunde Aufsätze, ja ganze Werke von mehreren hundert Schriftbogen. Dabei saß er neben dem Schreibenden, ruhig vor sich hinschauend und nie in seinem Redefluß stockend oder irgendeine Satzfügung oder auch nur einen einzelnen Ausdruck abändernd. Und wenn sein Diktieren durch Zufall auf kürzere oder längere Zeit, selbst für Tage und Wochen, unterbrochen wurde, so vermochte er das bisher Geschriebene, ohne von demselben mehr als etwa die letzten Worte oder Zeilen nachgelesen zu haben, sogleich im richtigen Zusammenhange fortzusetzen."[21]

Nur ganz wenigen nahestehenden Personen vertraute er sich an und informierte sie über seinen „Auftrag". Als er nach über zwei Jahrzehnten zu kränkeln begann, diktierte er seinen Freunden, die ihn auch während dieser Zeit finanziell unterstützt hatten, die göttlichen Kundgaben von seinem Bett aus. Etwa um 1862 sollen dann, so Ritter von Leitner[22], Lorbers geistige Kräfte stark abgenommen haben. Todesahnungen stellten sich ein. Die Arbeit am „Großen Evangelium Johannes" mußte er am 19. Juli 1864 endgültig abbrechen. Wenige Wochen danach, am 24. August 1864, starb Lorber ehelos in Graz. Zuvor noch hatte er von einem herbeigerufenen katholischen Priester die letzte Ölung empfangen. Ritter von Leitner berichtet, daß Lorber am Tag zuvor ein „heftiges Blutbrechen"[23] befallen hatte. Lorber-Freunde vermuten: „. . . Er starb eher an einer Blutung aus Oesophagusvarizen, wie sie bei einer Leberzirrhose auftreten kann, oder gar an einer Magenblutung durch ein chronisches Geschwür oder gar einen Krebs."[24]

Lorber wurde auf dem Friedhof St. Leonhard in Graz beigesetzt. „Seine entseelte Hülle wurde unter zahlreicher Begleitung, die in dem Verblichenen freilich mehr den vielbekannten Violinvirtuosen als dem fast unbekannten Theosophen die letzte Ehre erweisen wollte, . . . zur Ruhe gelegt."[25]

Der Verstorbene hinterließ ein Monumentalwerk mit knapp 20.000 Manuskriptseiten. Das „Große Evangelium" konnte er nicht mehr zu Ende bringen. Einige seiner Schriften wurden noch zu seinen Lebzeiten publiziert. Er selbst schien wohl nie an eine Veröffentlichung der Niederschriften gedacht zu haben, doch legte er diese Arbeit – nach den „Worten des Herrn" – in die Hände ihm nahestehender Personen. So ist in einem Brief Lorbers (datiert auf den 27. Dezember 1850) an Dr. Zimpel, einem späteren Editor eines seiner Werke, zu lesen: „Die *Materie* (d.h. das ‚Aufbaumaterial') zu einem allgemeinen Gottesreiche auf Erden in den Herzen der Menschen hast du nun aber schon vielfach in deinen Händen (d.h. in den Niederschriften des Neuen Wortes). Mache, daß sie bald in die Hände vieler gelangt, und du wirst darin das wahre ‚Tausendjährige Gottesreich auf Erden' erschauen! Amen."[26]

3. Jakob Lorber – Deutungsversuche eines „Phänomens"

a) Die Behauptung: Medium, Prophet, Neuoffenbarer

Es wird immer wieder von Lorber-Freunden betont, daß Lorber kein „Schreibmedium" gewesen sei[27]. Stattdessen bezeichnet ihn die Lorber-Anhängerin *M. Eckl* als „Gottesboten" und rechnet ihn zu den „Mystikern" und „Propheten", der sich von den alttestamentlichen dadurch unterscheide, daß Gott mit ihm „in dessen Herzen verkehrte"[28].

Der Augenzeuge *Ritter von Leitner* ist in der Einschätzung des „Phänomens Lorber" vorsichtig. Er schildert ihn als medial begabten Menschen und tituliert ihn als „Theosophen", der „stets selbsttätig nieder-(schrieb), was er von einer fremden Intelligenz ihm eingeflüstert hörte"[29]. An anderer Stelle[30] sieht er in ihm eines der ersten Schreib- und Sprechmedien der neueren Zeit, das seine Kundgaben „medianimisch" zu Papier brachte.

Spätere Anhänger bezeichnen den von Gott erwählten „Theographen" (Gottesschreibknecht) – so seine Selbsteinschätzung[31] – als „Mystiker und Gottesboten"[32], später sogar als den „größten aller christlichen Propheten"[33].

Besonders der letztgenannte Titel soll Lorber als Erfüllung der biblischen Verheißung nach Joh 16,12-14 kennzeichnen – ein Anspruch freilich, den er für sich so nicht proklamiert hatte. Offenbar zu Werbezwecken müssen insbesondere der Lorber-Verlag und der ehemalige Lorber-Gesellschafter *K. Eggenstein* auf die Bedeutung Lorbers für die Welt hinweisen. So kommt es, daß der „Schreibknecht Gottes" zum größten christlichen Propheten hochstilisiert werden kann.

Die Auffassung des katholischen Theologen *M. Heimbucher*, der stellenweise in dem Werk „Einflüsterungen des bösen Geistes"[34] vermutet, erscheint m. E. nicht angemessen und wird in neuerer Zeit fast nur noch in fundamentalistischen Kreisen vertreten.

Für die rechte Einschätzung und Beurteilung des „Neuoffenbarers" Lorber müssen Kriterien gefunden werden, die sowohl theologisch als auch psychologisch zu untermauern sind. Zunächst geht es im folgenden um die Person Lorbers und mögliche psychologische Erklärungsversuche seiner seltsamen Niederschriften. In einem zweiten Schritt muß der Inhalt dieser „Neuoffenbarung" bzw. ihr Lehrgrundriß genauer untersucht und aus theologischer Sicht Stellung bezogen werden.

b) Psychologische Interpretationen

Insbesondere Psychologen bemühten sich um die Klärung dieses – wie ihn *E. Hieronimus* bezeichnet – „Sonderfalles unter den Schreibmedien"[35].

So diagnostiziert *H. Heimann* bei Lorber eine paranoide Schizophrenie – „ein primär chronischer Prozeß, der vor allem durch Halluzinationen charakterisiert ist, eine sogenannte paranoide Halluzinose."[36] *A. Stettler-Schär* sieht in Lorber gar einen „Sektenstifter", wie sie es im Titel ihrer Inaugural-Dissertation unterstellt, was sich jedoch als Mißverständnis erweist. In ihrer Arbeit vermutet sie, daß die Schriften Lorbers „unter dem Diktat von Pseudohalluzinationen, vielleicht Halluzinationen und vielleicht auch aus einer gewissen autistischen Fabulierkunst"[37] heraus entstanden seien. Die enorme literarische Produktivität führt sie zurück auf eine Psychose, die die Persönlichkeit Lorbers umstrukturierte. So diagnostiziert sie eine „chronische paranoide Schizophrenie mit manisch-depressiver Komponente bei einer präpsychotisch selbstunsicheren, ängstlichen, neurotischen und geltungssüchtig-hysterieformen Persönlichkeit"[38].

In beiden Fällen werden Lorber krankhafte Züge nachgewiesen. Reichen diese Beobachtungen für eine generelle Einschätzung dieses Phänomens aus? Lassen sich diese Kundgaben tatsächlich nur auf Halluzinationen zurückführen? In beiden Fällen wird auf Indizien hingewiesen, die eine solche Deutung nahelegen, doch bedarf es der Suche nach weiteren Kriterien, um zu einer umfassenden Stellungnahme zum Wahrheitsgehalt jener Schriften zu gelangen.

Der Professor für Psychologie und Grenzgebiete der Psychologie an der Universität Freiburg *J. Mischo* betont im Zusammenhang der sogenannten „Privatoffenbarungen"[39], denen auch Lorbers Kundgaben zugeordnet werden könnten, daß das sogenannte „innere Wort", das von Lorber plötzlich und unerwartet vernommen wurde, in seiner Plastizität „in einem inneren konsistenten Zusammenhang mit der menschlichen Persönlichkeit"[40] stehe. Welche Schlüsse können daraus für eine Beurteilung gezogen werden?

Die jüngsten religionspsychologischen Überlegungen von dem katholischen Theologen B. *Grom* zu dem weiten Feld der Visionen und Auditionen erscheinen in diesem Zusammenhang hilfreich[41]. Demnach läßt sich Lorbers Widerfahrnis an jenem Morgen kurz vor seinem Stellenantritt in Triest jenen „Offenbarungserlebnissen" zuordnen, die dadurch charakterisiert werden, daß sie den Eindruck erwecken, als seien sie nicht Produkte eigenen Nachdenkens, sondern eher Mitteilungen von außen, aus einem anderen Bewußtseinszentrum.

Wie sich aus dem Bericht Ritter von Leitners erkennen läßt, tritt Lorbers „Offenbarungserlebnis" spontan auf – doch offenbar nicht unvorbereitet. Da waren seine vielen Fragen, da war seine Beschäftigung mit der damals verbreiteten okkulten Literatur, die ihm allerdings nicht die Antworten auf seine Fragen geben konnte. Das „Offenbarungserlebnis" traf Lorber in einer für ihn sicherlich tiefgreifenden Situation. Persönliche und beruflich einschneidende Veränderungen standen ihm bevor. Im Alter von vierzig Jahren wurde ihm eine feste berufliche Stellung in Aussicht gestellt. Andererseits galt es für ihn, die vertraute Umgebung erstmals zu verlassen. In dieser emotional aufgewühlten Situation hörte er frühmorgens am Abreisetag erstmals jene Stimme. Die dabei entstandenen Botschaften zeichnen sich durch ihren Umfang und ihre Komplexität aus. Sie haben den Charakter einer zusammenhängenden Reflexion des Offenbarungsempfängers, obwohl dieser sie als Kundgabe aus einer fremden Quelle empfindet. Gleichfalls wirken sie gefühlsstark, manchmal nüchtern belehrend, und werden von Lorber bei vollem Wachbewußtsein erfahren[42].

Die Mitteilungen, die er nun als „Schreibknecht Gottes" von dem Tag seiner „Berufung" an empfing, zeigen in der Tat den Charakter einer zusammenhängenden Reflexion und Belehrung. Entsprechende Phänomene kennt die Parapsychologie auch im Kontext des „Automatischen Schreibens"[43]. Die Bedeutung solcher selbstinduzierter Offenbarungserlebnisse kann man mit *Grom* folgendermaßen einschätzen: „Sie können grundsätzlich Neuschöpfungen enthalten – wie die nach innerem Diktat geschriebenen Texte von Schriftstellern ... Die ethisch-religiöse Richtung von Offenbarungserlebnissen ist so unterschiedlich wie der weltanschaulich-spirituelle Hintergrund ihrer Empfänger. Welche Inhalte können als wahr gelten? Psychologisch ist dazu zu bemerken, daß eine parallele Informationsverarbeitung sowohl logisch als auch irrational verlaufen und Richtiges wie Phantastisches, ethisch Hochstehendes und kraß Egoistisches hervorbringen kann. Das ihr eigene Erlebnis der Objektivität und Gewißheit kann man ... immer auch subjektiv, aus einer Einschränkung der weltanschaulichen Realitätsprüfung erklären."[44]

c) Theologische Stimmen

Gelegentlich bezogen auch Theologen zu Lorbers Werk Stellung. Besonders beschäftigte sie dabei die Frage, wie dieses umfangreiche Schrifttum entstanden sein und ob es als „Neuoffenbarung" gelten könnte. Die Person Lorbers gilt dabei als integer. Sein Leben vollzog sich in geregelten Bahnen. Die Schul- und Berufsausbildung deuten darauf hin, daß man einem „schlichten, unauffälligen und ‚normalen' Menschen"[45] begegnet. Dennoch findet sich bei ihm eine grüblerische Seite, die für sein Widerfahrnis an jenem Morgen bedeutsam gewesen sein könnte. Wenngleich man in der Biographie Lorbers schwerlich „den Schlüssel zu den von ihm niedergeschriebenen Offenbarungen finden"[46] kann, so zeigt sich in ihr eine zunehmende Offenheit für spiritualistische Interpretationen menschlichen Lebens.
So verweist der verstorbene Sektenbeauftragte der Evangelisch-Lutherischen Kirche in Bayern, *F.-W. Haack*, auf die zur Zeit Lorbers gängige spiritualistisch-mystische Literatur, die zu dessen Lesestoff gehörte. Daraus folgert er: „Es kann gesagt werden, daß mit diesem literarischen Hintergrund, der Halbbildung, gepaart mit großer Sehnsucht nach tieferem Durchblick und dazu kommend das emotional tiefgreifende, die Neuoffenbarung auslösende Erlebnis, alle Grundbausteine für Neuoffenbarung beieinander sind. Das sich immer auf den christlichen Glauben und seine Grundlage, die Bibel, beziehende Wort wird immer zur Neuoffenbarung."[47] Damit wird die Herkunft der Niederschriften Lorbers aus der himmlischen Welt bestritten, stattdessen wird ihr Entstehungsort im Unterbewußten Lorbers angesiedelt, wie es *W. Geppert* umschreibt: „In Wahrheit sprach hier der im Unterbewußten, unterhalb der Schwelle des hellen Bewußtseins geistig produzierende Jakob Lorber zu dem im hellen Tagesbewußtsein die ihn umdrängenden Bilder und Gedanken emsig niederschreibenden Jakob Lorber. Was dieser je gelernt, gelesen, gehört und an

Eindrücken aufgenommen hatte, erfuhr in seinem kraftvollen Geist die erste Bearbeitung, sank alsdann in die geistigen Räume des Unterbewußtseins, wurde dort aus der Kraft seiner bildhaft gestaltenden Phantasie wie in einem geistigen Geheim-Laboratorium zu bildhaft sich darstellenden Erkenntnissen geformt, durchbrach die dünne Schicht des reflektierenden Bewußtseins und drang als eine Überfülle von Bildern und Erkenntnissen in sein helles Tagesbewußtsein. Hier wurde es durch die fleißige Hand des zweiten Lorber fixiert."[48]

Beiden Auffassungen steht das Urteil des langjährigen Leiters der Evangelischen Zentralstelle für Weltanschauungsfragen in Stuttgart, K. Hutten, gegenüber[49]. Für ihn hält die „Unterbewußtseins-Hypothese" wegen ihrer mangelnden Beweiskraft nicht stand[50]. Statt dessen sieht er in Lorber ein menschliches Werkzeug des Heiligen Geistes, das in der mit der Aufklärung beginnenden Epoche den Auftrag hatte, „den Christen, die aus ihrem altvertrauten Weltgehäuse herausgerissen und in eine streng naturgesetzlich regierte Welt ohne Geheimnisse, ohne Grenzen und ohne Gott hineinversetzt wurde, eine Schau zu erschließen, die dieses entmythologisierte Weltbild aufnimmt, erweitert, überhöht, aus der Weisheit und Liebe Gottes verstehen lehrt und in das Erlösungswerk Christi einfügt."[51] Allerdings, so fährt Hutten fort, seien die Werke Lorbers nicht frei von dessen eigenen Auffassungen und „Vor-Urteilen", die helfen sollten, dem „vernünftigen Denken" bestimmte Sachverhalte nahezubringen[52]. Gerade darin zeige sich, wie eng Lorber dem damals herrschenden Weltbild verhaftet geblieben sei.

Beide Beurteilungen stehen einander gegenüber und lassen sich schwerlich miteinander vereinen. Bei Huttens Urteil[53] ist in der Tat Vorsicht geboten, wenn Lorber als „Werkzeug des Heiligen Geistes"[54] bezeichnet wird. Folgt man dieser Einschätzung, so wird man Lorbers Kundgaben von Beginn an in ihrem Aussagegehalt positiv werten müssen – ohne näher zu überlegen, wo denn die relevanten Kriterien für eine solche Einschätzung zu finden seien und welche Bedeutung den humanwissenschaftlichen Erklärungen zukomme. Ob in den Botschaften an Lorber tatsächlich „himmlische Aufklärungswerke" begegnen, scheint mehr als fraglich. Hutten will in ihnen gar „eine wirksame Hilfe für den Christen"[55] entdecken. Die jenseitigen Enthüllungen hätten dann die Funktion, das durch die moderne Naturwissenschaft erschütterte und „entzauberte" Weltbild für die Christenheit zu retten. An anderer Stelle konzediert er den Lorber-Schriften gar, daß sie auf biblischer Grundlage stünden und über die Bibel hinausführende Antworten bereithielten[56]. Der Lorber-Verlag und insbesondere die Lorber-Freunde wußten diese überaus positive Stellungnahme des kirchlichen Apologeten für ihre Zwecke werbewirksam zu nutzen. So wird er in der Werbebroschüre des Lorber-Verlages als „Stimme aus kirchlichen Kreisen" zitiert, die sich vom Lorber-Werk als „aufs äußerste beeindruckt" zeige: „Dieses Weltbild hat Tiefe und Kraft, umfaßt alle Ebenen des menschlichen Seins und der Geschichte, enthält großartige Vorstellungen wie die des großen Schöpfungsmenschen und hat in erstaunlicher Weise moderne Schöpfungsergebnisse vorweggenommen ... In einer Zeit, in der sich die Dimensionen des Universums durch die Astronomie ins Unermeßliche geweitet haben, unsere Erde als ein winziges, belangloses Stäubchen erkannt worden ist, das im Reigen der Sonnen und Milchstraßen verloren umhertreibt, und der Mensch sich in einer frierenden Einsamkeit und Verlorenheit vorfindet, kann das Weltbild Lorbers eine große Hilfe sein, ... es gibt der Erde samt ihrer Geschichte und Heilsgeschichte ihre Würde wieder, verleiht dem Glauben eine kosmische Weite, verwebt Diesseits und Jenseits, Mikrokosmos und Makrokosmos ineinander, preist die alle Schöpfung durchwaltende Liebe Gottes und weist mit alledem den Menschen einen Weg zur Geborgenheit."[57] Huttens positive Stellungnahme wurde auch in einer Werbeanzeige im „Börsenblatt für den Deutschen Buchhandel" unter der Überschrift „Prophetie für unsere Zeit" abgedruckt[58]. Eine merkwürdige Wirkungsgeschichte einer kirchlich-apologetischen Einschätzung! Festzuhalten bleibt an dieser Stelle, daß Hutten in früheren Auflagen seines Standardwerkes „Seher, Grübler, Enthusiasten" Lorbers Aussagen durchaus kritischer betrachten konnte[59]. In der Neuausgabe vermißt man die eher kritischen Töne. Es fällt grundsätzlich auf, daß Hutten hier – ähnlich manchen überzeugten Neuoffenbarungsanhängern – die Authentizität der Kundgaben allein ihrer merkwürdigen und unerklärlichen Entstehungsweise wegen als Prämisse zu übernehmen scheint und sich einer quasi-spiritistischen Deutung des Neuoffenbarers Lorber annähert. Zentrale Inhalte christlicher Theologie (Kreuz und Auferstehung Jesu Christi; der biblische Gottesbegriff) werden in diesem Zusammenhang nicht genügend akzentuiert. Wie sich später noch zeigen wird, sind die theologischen Differenzen zwischen der biblischen Botschaft und der „Neuoffenbarung" Lorbers allerdings beträchtlich. Insofern fällt es von theologischer Seite aus schwer, in Lorber ein direktes

Werkzeug des Heiligen Geistes zu sehen. Es stellt sich grundsätzlich die Frage, ob das Wirken des Heiligen Geistes auf die fortschreitende Enthüllung göttlicher Geheimnisse reduziert werden kann. Ist es sein Proprium, stets neue göttliche Wahrheiten, d. h. bisher unbekanntes Wissen, neue Theorien, gar ein neues Weltbild an Menschen zu übermitteln? Die biblischen Aussagen wären damit gründlich mißverstanden. Im Johannesevangelium heißt es, daß es sich um einen Geist handelt, der in alle Wahrheit führen wird (Joh 16,13). Hier sind jedoch nicht neuzeitliche „Wahrheiten" bzw. zum Christuszeugnis ergänzend hinzutretende Kundgaben gemeint, sondern die „Heilstatsache" Jesus Christus, dessen Wort den Glaubenden durch den Parakleten, den Tröster, stets neu *vergegenwärtigt* werden soll. Um zu verhindern, daß der Heilige Geist als etwas rein Numinoses, als eine lediglich übernatürliches Wissen vermittelnde Kraft mißverstanden wird, bedarf es einer Rückbesinnung auf zentrale theologische bzw. christologische Überlegungen. Deutlicher und klarer wird das Reden vom Geist darin, daß er als der Geist Jesu Christi näher bestimmt wird: „Von Jesu Selbstlosigkeit, von seinem konkrete, leidende Menschen heilenden und befreienden Wirken, von Christi Wirken und Leiden, d. h. von seiner Ankündigung und Etablierung des Reiches Gottes, von seinem Kreuzestod und der an diesem Geschehen offenbar werdenden Verlorenheit der Welt und ihrer Rettung her wird die Kraft des Geistes kenntlich, die auf schöpferische Weise Gerechtigkeit bringt und Frieden stiftet."[60] Diese elementaren Zusammenhänge werden in Huttens theologischer Stellungnahme nicht deutlich genug gesehen. Daher muß noch stärker die inhaltliche Auseinandersetzung mit den Grundzügen der Lorberschen Kundgaben gesucht werden, um auf diese Weise das Werk vom christlich-theologischen Standpunkt aus beurteilen zu können.

d) Versuch einer Beurteilung

Es fällt auf, daß Lorbers Niederschriften nicht die einzigen sind, die von den Anhängern zu „Neuoffenbarungen" erhoben werden. Neben den Lorber-Freunden gibt es eine Vielzahl von Neuoffenbarungsgruppen mit untereinander divergierenden Aussagen über Gott, Kosmos, Mensch und Endzeithoffnung. Der eigentliche Beginn dieser Art von „neuen Offenbarungen" läßt sich auf den schwedischen „Visionär" Emanuel Swedenborg (1688-1722) zurückführen, der spiritualistische

Gruppen maßgeblich beeinflußte. Auch Lorber kannte dessen Werke. Nicht ohne Grund wird Swedenborg deshalb mitunter als „Haupt einer neuzeitlichen Prophetenschule"[61] bezeichnet. In dieser Tradition steht das Wirken Lorbers. Vom Umfang her kann das „Neuoffenbarungswerk" Lorbers mit dem Swedenborgs konkurrieren[62]. Aber: Auch ein Joseph Smith soll, so sagen die Mormonen, göttliche Kundgaben empfangen haben. Das Universelle Leben folgt den Anweisungen seiner „Lehrprophetin" Gabriele Wittek, die sich dabei ebenfalls auf göttlichen Ursprung beruft. Erika Bertschinger-Eicke alias „Uriella" stützt sich auf Tieftrance-Botschaften und gründete ihren „Orden Fiat Lux". In manchen Fällen sind die „Neuoffenbarer" Einzelgänger und an der Gründung einer festen Gemeinschaft weniger interessiert. Doch andere wollen mehr.

So können die jeweiligen sich widersprechenden Kundgaben unmöglich aus derselben Quelle stammen. Das ist allerdings nur ein formaler Hinweis. Wie man jedenfalls feststellen kann, stellt die Art des Offenbarungsempfangs bei Lorber sicherlich keinen Einzelfall dar. Man denke etwa auch an die französische Mystikerin Jeanne Marie Bournier de la Motte-Guyon (1648-1717), die 40 Bände umfassende Traktate aus einem „inneren Zwang" niederschrieb[63].

Woher stammen die Kundgaben, die der „Schreibknecht" aufzeichnete? Immer wieder wird von Lorber-Freunden darauf hingewiesen, daß diese Erkenntnisse nicht aus Lorbers „beschränktem Wissen" stammen könnten[64]. Deswegen wird sofort auf den Wahrheitsgehalt dieser Mitteilungen geschlossen und ihnen ein göttlicher Ursprung beigemessen: „Diese ‚Lehre aus den Himmeln' ist die größte unmittelbare Offenbarung der göttlichen Welten, die es je gegeben hat."[65]

Ein Vergleich mit einem ähnlichen „Phänomen" erscheint lohnenswert. So ist der Fall der „Patience Worth", einer Frau, bekannt, die ebenfalls merkwürdige, unerklärliche Botschaften empfangen hatte[66]. Auf folgende Übereinstimmungen sei nur ganz kurz verwiesen.

Die 1883 in Mount City (USA) geborene Mrs. Curran verfügte nicht über einen ausgesprochen hohen Bildungsstand. Grundsätzlich zeigte sie an spiritistischen Fragestellungen und Praktiken keinerlei Interesse. Auf Drängen eines Freundes beschäftigte sie sich nur kurzzeitig mit der spiritistischen Praxis des Oui-Ja-Tischschreibens, was sie allerdings sehr schnell langweilte. Doch eines Tages veränderten sich die Kundgaben. Am 8. Juli 1913 soll plötzlich eine andere Persönlichkeit durch sie gesprochen haben, die sich als „Patience Worth" vorstellte.

Dieses „Wesen" zeigte ganz andere Charakterzüge und Persönlichkeitsmerkmale als Frau Curran selbst. Besonders auffällig war die festzustellende, enorme literarische Begabung der Zweitpersönlichkeit Worth. Curran alias P. Worth begann zu schreiben – ähnlich wie Lorber in einem Wachzustand. Dabei wechselten sich beide Persönlichkeiten nicht ab, sie arbeiteten parallel: „Während sie (d.h. P. Worth; der Verf.) schrieb, mußte sich Mrs. Curran jedoch völlig passiv verhalten. Dann ‚bekam' sie das Ganze von dem zweiten Ich. Sie hatte nicht das Gefühl, als ob sie selbst an der Schöpfung der literarischen Produktion beteiligt war – weder der Form noch dem Inhalt nach."[67] Interessant erscheint besonders der Inhalt der „Mitteilungen". Es handelte sich dabei um Romane, Schauspiele, Gedichte, Aphorismen. Wie sich zeigte, ließen diese ein hohes Wissen und eine literarische Ader ihres Urhebers vermuten. Imposant erschienen besonders die zahlreichen historischen und sprachlichen Kenntnisse, die Mrs. Currans Schulbildung deutlich überstiegen. Verblüffend waren auch die bisweilen detaillierten geographischen Informationen etwa über Palästina oder Rom zur Zeit Jesu. Curran war – ähnlich wie Lorber – fast nicht aus ihrer unmittelbaren Umgebung herausgekommen.

Untersuchungen ergaben, daß es sich bei dem „Phänomen Patience Worth" um eine äußerst kreative und selbsttätige Zweitpersönlichkeit mit einer Art „Eigenleben" handeln mußte. Ein Forscher urteilt: „Hier liegt ein unterbewusstes Selbst vor, welches das primäre Bewusstsein an Begabung und Weitblick weit übertrifft."[68] Somit lassen sich auffällige Gemeinsamkeiten zwischen den Phänomenen Patience Worth und Jakob Lorber feststellen: Neben der enormen literarischen Produktivität steht der Inhalt der Mitteilungen, der den jeweiligen Horizont und Bildungsgrad bei weitem übertrifft. Beide sind davon überzeugt, daß durch sie eine andere Persönlichkeit spräche: Patience Worth bei Mrs. Curran, Gott/Jesus Christus bei Lorber.

Im Fall P. Worth vermutet Schjelderup: „Man *kann* sich denken, dass Mrs. Curran im Laufe der Jahre, ohne sich selber darüber im klaren zu sein, wenn sie etwas gelesen und besonders, wenn sie etwas gehört hat, sich jedes kleine Stück relevanten Wissens, dessen sie habhaft werden konnte, gemerkt und aufgespeichert hat, und dass dies alles unbewusst bearbeitet und organisiert wurde, um schließlich in ihrer automatischen Schriftstellertätigkeit hervorzubrechen."[69] Analog dazu kann bei dem „Neuoffenbarer" Lorber von einem jahrelangen unbewußten

Durcharbeiten und Nachdenken ausgegangen werden. Im Zentrum steht bei ihm – anders als bei Curran – vor allem die religiöse Dimension im Vordergrund.

Interessant erscheint der lehrhafte Charakter der Kundgaben Lorbers. So konnte Hutten in einer früheren Auflage seines Standardwerkes „Seher, Grübler, Enthusiasten" feststellen: „Man hat oft das Empfinden, als säße ein Professor auf dem Katheder und wäre damit beschäftigt, seinen Schülern ein Thema zu erklären und fein säuberlich ein Problem in ‚Erstens', ‚Zweitens' usw. zu zergliedern."[70] Dennoch stellt sich die Frage: Läßt sich Lorbers spiritistisches Offenbarungserlebnis eher als eine Art prophetisches Berufungserlebnis deuten? Können seine Niederschriften als unmittelbar göttliche Diktate oder gar als „Jesus-Texte" akzeptiert und rezipiert werden?

Gewiß, Lorbers subjektives Empfinden, sein Gefühl der „Ergriffenheit" wirkt sich nicht so aus, daß seine Person – im Gegensatz zu manch anderen „Propheten" bzw. „Prophetinnen" – plötzlich in den Kundgaben aufgewertet wird. Statt dessen tritt sie auffällig hinter diese zurück. Aber das „Phänomen Lorber" hat viele Bewunderer und gläubige Nachahmer gefunden. Der „Schreibknecht Gottes" wird zum Vorbild für andere. Ein Ansatzpunkt für die weitere Entwicklung wird bereits in den Kundgaben selbst greifbar. So sagt der Lorbersche Jesus über sein Medium: „. . . Er redet auch nichts aus sich und kann es auch nicht, da er viel weniger als jeder von euch in irgendetwas eine Wissenschaft hat. *Eben darum ist er mir auch ein ziemlich taugliches Werkzeug, da er in seinem Kopfe fast nicht darinnen ist, aber zeitweise desto mehr in seinem Herzen,* welches Ich nur allein brauchen kann, da im selben kein Gedächtnis ist, wohl aber eine Erinnerung der *Liebe in und zu Mir* und in dieser Anschauung dessen, was ich will und sage. – *Dieser Zustand des Menschen ist der rechte.* - Der Zustand der ‚verständigen Köpfe' aber ist ein ganz verkehrter und ist (oft) nichts als die allereitelste Träumerei eines kranken, unnatürlich gebrauchten Gehirns."[71] So wird Lorber zum Vorbild wahrer Herzensfrömmigkeit, wobei der kritische Verstand deutlich abgewertet wird.

Immer wieder wirkt die Forderung des Lorberschen Jesus richtungsweisend für suchende Naturen. So bemüht sich nachfolgend mancher, den vorgegebenen Weg nach innen zu gehen, um dabei womöglich ebenfalls zum göttlichen Werkzeug und damit zu einem „Lorber-Adepten" zu werden. Feststellbar ist auch, daß zu Werbezwecken für die „Sache" die Person Lorbers ins Spiel gebracht wird. Man mißt ihr

gar eine zentrale heilsgeschichtliche Rolle zu. So macht man den steirischen Musiker „zum Propheten dieser und der kommenden Zeit"[72].
Man vergleicht ihn mit „jenen ... des alten Bundes, die dem damaligen Volke Gottes keinesfalls nach dem Munde redeten."[73] Insofern ist
das Bemühen einer Lorber-Freundin nicht verwunderlich, die – bei
Recherchen über das Leben Lorbers auf Schwierigkeiten gestoßen –
diesem Ereignis einen bedeutungsvollen, quasi heiligen Zug beimißt:
„Wenn wir in der von Jakob Lorber empfangenen Neuoffenbarung
Jesu lesen, *warum* der Herr fast alle irdischen Spuren Seines Erdenle-
bens verwischen ließ, so wird es uns nicht verwunderlich, wenn Er
auch in Kaniza (dem Geburtsort Lorbers; der Verf.) die irdischen
Spuren Seines Schreibknechtes verwischen ließ."[74] Was den „Neuoffenbarer" Lorber betrifft, so müssen seine eigenen Vor-Urteile be-
rücksichtigt werden – vielleicht entstanden durch die sporadisch zu
Rate gezogene Literatur – sowie der damals herrschende Zeitgeist des
19. Jahrhunderts. Durch beides wurden die „Kundgaben" in nicht zu
unterschätzendem Maße geformt[75]. Lorbers Niederschriften beziehen
sich aber auch auf eine religiöse Tradition, an die bewußt oder unbe-
wußt angeknüpft wird. Durch unmittelbare „jenseitige Botschaften"
wird das christliche Dogma der Kirchen korrigiert oder ergänzt. Neue
Wahrheiten über die Welt, den Kosmos und den Menschen werden
dabei besonderen Empfängern übermittelt. Vorläufer dieser Entwicklung sind in der Mystik, der christlichen Theosophie sowie in den nachhaltig prägenden Traditionen des mystischen Spiritualismus greifbar.
Von nicht zu unterschätzender Bedeutung ist zudem das im 18. Jahrhundert aufkommende, verstärkte Interesse an „Geheimwissenschaf-
ten" aller Art, die eifrig gesammelt, weitergegeben und interpretiert
wurden: „Diese Traditionen wirkten allein schon literarisch weit ins
19. und 20. Jahrähundert hinein und beeinflußten direkt oder indirekt
auch das Entstehen neuer Gruppierungen."[76] Der zeitgeschichtliche
Hintergrund scheint von Lorber-Freunden offenbar nicht genügend
beachtet zu werden. Umso mehr bleibt festzuhalten, daß der immer
wieder erhobene formale Offenbarungsanspruch dieser Schriften hinterfragt werden muß. Der stets betonte, übernatürliche Empfang
reicht für einen Erweis des Wahrheitsanspruches nicht aus. Der 1993
verstorbene Referent der Evangelischen Zentralstelle für Weltanschauungsfragen *H.-D. Reimer* stellt aus theologischer Sicht zutreffend fest: „Die Gültigkeit einer Botschaft besteht nicht in ihrem ‚übernatürlichen Empfang, sondern darin, daß sie ein klar erkennbares

‚Wort' darstellt, das mit dem ‚Fleisch gewordenen Wort' identisch ist. Dann ist die Offenbarung der Neuoffenbarer wie jede Botschaft auch an Jesus Christus, das heißt an der biblischen Botschaft von ihm zu messen."[77] Der aufmerksame Beobachter der „Neuoffenbarungsszene" wird sehr schnell feststellen können, daß es immer wieder einander widersprechende Offenbarungen gibt. Schon bei den „Größen" Swedenborg und Lorber sind unterschiedliche Aussagen zu finden[78]. Deshalb muß gefragt werden, inwieweit dieser formale Anspruch sich auf Kritik einläßt bzw. sie zuläßt. Die Kundgaben entziehen sich damit von Anfang an einer Überprüfung, stammen sie doch – wie versichert wird – von höchster Autorität. Es scheint nur eine Alternative in der Auseinandersetzung mit Lorber-Freunden zu geben: Entweder man teilt die Auffassung, hier sei das göttliche Wort zu finden, oder aber eine Diskussion ist beendet. Die Autorität der „Neuoffenbarung" verhindert offenbar kritische Anfragen. Wie es heißt, werden die Lorberschen Niederschriften von Lorber-Freunden für die Kirche als besonders relevant eingestuft. Dadurch sollen ihnen eine der Heiligen Schrift ebenbürtige Qualität zugesprochen werden. Für eine prinzipielle, theologische Einschätzung und Beurteilung gibt die Barmer Theologische Erklärung von 1934 wertvolle Hinweise. Hier wurde eine grundsätzliche Standortbestimmung von der einen Offenbarung Gottes in Jesus Christus sowie angeblich weiterführender oder ergänzender Offenbarungen bzw. Offenbarungsquellen vorgenommen. Natürlich hatte man damals einen ganz anderen Gegner im Blick: nämlich jene Kreise, die der Auffassung waren, zu der Christus-Wahrheit weitere Offenbarungsgrößen (Volk, Führer) addieren zu können. Die Erklärung war für den innerkirchlichen Bereich gedacht. Dennoch sind in ihr grundsätzliche Überlegungen enthalten, die auch für die Auseinandersetzung mit dem Phänomen der „Neuoffenbarung" an Relevanz gewinnen[79].

Im Anschluß an die Barmer Theologische Erklärung ist das entscheidende Kriterium das „eine Wort Gottes": Jesus Christus, „wie es uns in der Heiligen Schrift bezeugt wird" (Barmen I). An ihr muß also Lorbers „Neuoffenbarung" gemessen werden. Das bedeutet: Eine Offenbarung, die den Anspruch erhebt, über diese Wahrheit inhaltlich hinauszuführen, ist konsequent abzulehnen, selbst dann, wenn versichert wird, es sei reines göttliches Wort. Zugleich muß betont werden, daß der christliche Glaube durchaus auf das aktuelle, offenbarende Handeln Gottes vertraut[80]. Nur ist dabei nicht an eine Enthüllung von immer mehr Details des göttlichen Heilsplanes gedacht, sondern an die feste Gewißheit, daß Gott aktuell unter uns Menschen wirkt. Christlicher Glaube bekennt, daß in Jesus Christus bereits alle Wahrheit erschienen ist (Kol 2,9). Von hier aus wird die Vorstellung, wonach es einer weiterführenden oder ergänzenden Offenbarung bedürfe, überflüssig. Letzlich muß immer wieder diese eine Offenbarung, so wie sie uns in der Heiligen Schrift bezeugt ist, interpretiert werden.

Es fällt auf, daß die Lorber-Freunde den biblischen Kanon häufig mit der „alten" Offenbarung gleichsetzen. In den Schriften Lorbers sehen sie nun Fortführungen und Ergänzungen, eben „Neuoffenbarung". Indes – schon von ihrem Wesen her sind die biblischen Schriften, in diesem Fall die neutestamentlichen, etwas anderes. Sie wurden nicht durch das „innere Wort" niedergeschrieben, sie stammen nicht aus einer Feder, sondern sind ein mehrstimmiger Chor, der auf die eine Wahrheit in Jesus Christus hinweisen will. So gehen die Lorber-Freunde über das reformatorische Prinzip des sola scriptura hinaus. Angesichts dessen bleibt es die Frage, ob die Bibel – wie es die „Neuoffenbarungsanhänger" gerne tun – als defizitär verstanden werden könnte, so daß sie von der „Neuoffenbarung" Lorbers her interpretiert werden müßte. Damit ist bereits der entscheidende Dissens zwischen Lorber-Bewegung und Kirche angedeutet. So muß schon hier festgestellt werden, daß aus der Sicht der Lorber-Freunde die Bibel als die grundlegende Norm theologischen Nachdenkens und Redens von Gott nicht mehr als letzte Autorität anerkannt wird.

Generell zeigt sich hier ein „Unverständnis für das Wesen der biblischen Offenbarung als (abschließende) persönliche *Selbst*-erschließung Gottes in seinem Sohn Jesus Christus im Glauben jedes einzelnen Christen. Man meint daher, durch Ausschaltung der individuellen, persönlichen Betroffenheit durch diese Selbstoffenbarung Gottes eine reinere und unter Umständen neue, darüber hinausgehende Offenbarung erhalten zu können."[81] Diese Überzeugung hat weitreichende Folgen, die sich an anderer Stelle noch deutlicher zeigen werden.

III. Grundriß der „Neuoffenbarung" Lorbers

1. Die Lorber-Schriften

Nach Auskunft des Lorber-Verlages[1] umfassen die Kundgaben, die Lorber empfangen haben soll, rund 25 umfangreiche Bände, wobei die kleineren Schriften nicht mitgerechnet wurden. So entstanden im Lauf der Jahre folgende Werke:

1840-1844	Die Haushaltung Gottes (3 Bände)
1840	Pathiel
1841	Der Mond
1841/42	Der Saturn
1842	Die Fliege
1842	Der Großglockner
1842	Die natürliche Sonne
1842/43	Die geistige Sonne (2 Bände)
1843	Schrifttexterklärungen
1843/44	Die Jugend Jesu
1844	Der Briefwechsel Jesu mit König Abgarus
1844	Der Laodizenerbrief des Apostels Paulus
1846/47	Die Erde
1847/48	Bischof Martin
1848/51	Von der Hölle bis zum Himmel (Robert Blum), 2 Bände
1859/60	Die drei Tage im Tempel (Dreitagesszene)
1851-1864	Das große Evangelium Johannes (10 Bände)

In dieser Aufzählung fehlen kleinere Bände, etwa „Die Heilkraft des Sonnenlichtes" (1851), die „Sterbeszenen"[2], die „Naturzeugnisse" sowie die „Himmelsgaben" (3 Bände), die neben den größeren Werken Lorber parallel übermittelt wurden und überwiegend in Abschriften der engsten Freunde Lorbers vorliegen. Thematisch lassen sich die einzelnen Niederschriften in folgende Bereiche unterteilen:

1. *„Neuoffenbarung" apokrypher, angeblich verloren-gegangener urchristlicher Quellen;*
2. *Das Große Evangelium Johannes' (eine Art Tagebuch des irdischen Wirkens Jesu);*
3. *Werke über die Schöpfung;*
4. *Werke über das Jenseits.*

2. Der Inhalt der Lorberschen „Neuoffenbarung"

In den Schriften Lorbers[3] begegnet dem Leser ein umfassendes Weltbild, eine universale Lehre mit detaillierten Auskünften über Gott, Kosmos und Jenseits. Ihrem Selbstverständnis[4] zufolge richten sich die Kundgaben an das „frommgläubige Herz", um die „Weltweisheit" zu beschämen. Der Jesus dieser Neuoffenbarung wolle der Welt „die mannigfache Bosheit der Menschen" bewußt machen, „die wahren Wege seiner erbarmenden Liebe" zeigen und alle Wesen zum Heil führen. Das übermittelte Jenseitswissen halte Antworten für „Weltzweifler" bereit und ermögliche den wahren Einblick in Sinn und Ziel des Weltganzen: „Kurz und gut, es soll und muß alles offen werden vor der Welt, damit ein jeder wisse, wie er daran ist. Ja, es soll der Mittelpunkt der Erde so offen vor aller Welt Augen aufgedeckt werden wie eine verdeckte Speise vor den Gästen zur stärkenden Nahrung."[5]

a) Gott – ein geistiger „Urmensch"

Die Kosmologie Lorbers beruht auf einer monistischen Weltsicht, die von einer geistigen Urschöpfung ausgeht. Demnach handelt es sich bei den Urgrundteilchen der ursprünglichen Schöpfung um göttliche Geistkräfte. Vor dem Hintergrund eines streng monotheististischen Gottesbildes gilt Gott als unendlich-ewiger Geist, als „Urgrund alles Seins". Er verfügt in seinem Machtzentrum sogar über eine wesenhafte Gestalt; er wird beschrieben als ein „vollkommener Geistes-Urmensch", der in einem „unzugänglichen Lichte (wohnt), das ... die Gnadensonne genannt wird."[6] Im Anschluß an Gen 1,27 gilt er als das Ur- und Vorbild des Menschen und aller weiteren Geister- und Engelwesen. Seine Geistkräfte, die auch als Heiliger Geist bezeichnet werden, durchdringen den ewigen und unendlichen Schöpfungsraum. Sie bewirken eine stetige Höherentwicklung und Vervollkommnung der göttlichen Ideen und Gedanken. Als Leitmotiv göttlichen Handelns gilt die unendlich machtvolle und bedingungslose Liebe zu allen Wesen, auch zu den gefallenen. Sechs weitere Grundeigenschaften Gottes umfassen Macht, Weisheit, Ordnung, Ernst, Geduld sowie Barmherzigkeit und durchdringen in umfassender Ausgewogenheit das Schöpfungswerk. Göttlich geschaffene Wesen verkörpern diese Haupteigenschaften. Wie auch in anderen spiritualistischen Entwürfen[7] wird Gott mit einem beseligenden Licht verglichen, das belebende Wärme und Lebenskraft spendet. In den Jenseitssphären wird es unterschiedlich sichtbar und fühlbar, je nach der geistigen Entwicklungsstufe der jeweiligen „Bewohner", entsprechend der Nähe und Ferne der betreffenden Seinsebene vom reingeistigen Reich und von Gott. Die Intensität dieser göttlichen Gnadensonne nimmt nach den jeweiligen Entwicklungsebenen ab, so daß in den düsteren Sphären, den Fallwelten, lediglich ein mattes Dämmerlicht begegnet.

b) Urschöpfung und Materie (Kosmologie)

Vor dem Entstehen der materiellen Welt existierte nach den Angaben eine rein geistgeschaffene, gottgewollte Welt. Sie entstand in einer Abfolge langer Schöpfungsperioden, in denen aus dem Wesen Gottes Ursubstanzen und Urstoffe hervorgingen, die als Bausteine für die weitere Schöpfung dienen sollten. Es handelte sich dabei um „Ur-Kleingeister", die als lebendige Intelligenzen durch gegenseitige Verbindung zur Gottähnlichkeit emporsteigen sollten. Aus ihnen schuf Gott eine große Anzahl großer Geistwesen in Analogie zu seiner göttlichen Urform. Diese wurden ebenfalls schöpferisch tätig und riefen zahllose „Untergeister" ins Dasein, die ihrerseits den unendlichen Raum erfüllten und in gottgewollter Harmonie lebten. Die Ursache der stofflichen Schöpfung (Materie) sieht Lorber im Fehlverhalten Satanas bzw. Luzifers begründet, der als der größte urgeschaffene Geist sich aus Selbstsucht der göttlichen Ordnung zu widersetzen begann. Der Abfall dieses Hauptgeistes und seines Anhangs führte dazu, daß bei diesem Teil der „Abtrünnigen" die Lebensstromkräfte Gottes versiegten. Dadurch waren im Kosmos durch Verdichtung geistig-ätherischer Urwesenheiten die Urnebel der Materie entstanden. Doch Gottes Liebe führte dazu, daß den gefallenen Wesenheiten Hilfe zuteil wurde. Der materielle Weltenbau wurde errichtet. Damit setzte zugleich eine universale, göttliche Rückführungs- und Bergungsaktion ein: Die Abgefallenen sollten aus der Materie befreit und wieder Gottes heiliger Lebensordnung zugeführt werden. Infolge des Luzifersturzes, der dabei im gnostisierenden[8] Sinne als eigentliche Ursache für die Entstehung der sichtbaren Welt verstanden wird, wurden die göttlichen Geistpartikel in die Materie gebannt: „Alles, was Materie ist, war dereinst geistiges, das da freiwillig aus der guten Ordnung Gottes getreten ist, sich in den verkehrten Anreizungen begründete und darin verhärtete. Die Materie ist demnach nichts anderes als ein gerichtetes und sich selbst verhärtetes Geistiges. Noch deutlicher gesprochen ist sie eine allergröbste und schwerste Umhüllung des Geistigen."[9] Die Materie gilt an anderer Stelle sogar als „Gefängnis des Geistes"[10]. Sie übernimmt für die gefallenen Geistwesen eine pädagogische Funktion: „Siehe, alle Materie dieser Erde – vom härtesten Stein bis zum Äther hoch über den Wolken – ist Seelensubstanz, aber in einem notwendigerweise gerichteten und somit gefesteten Zustand. Ihre Bestimmung aber ist, wieder ins ungebundene, reingeistige Sein zurückzukehren, so sie eben durch diese Isolierung die Lebensselbständigkeit erreicht hat. Um aber diese durch eine stets erhöhte Selbsttätigkeit zu erlangen, muß die aus der gebundenen Materie frei gemachte Seele alle möglichen Lebensstufen durchmachen und muß sich in jeder neuen Lebensstufe auch wieder von neuem in einen materiellen Leib einpuppen, aus dem sie dann wieder neue Lebens- und Tätigkeitssubstanzen an sich zieht und solche sich zu eigen macht."[11]

In ihrem Kern geht diese Vorstellung auf die stark platonisierende (und deshalb von der Alten Kirche abgelehnte) präexistentianische Theorie des *Origenes* (ca. 185-254) zurück, wonach die Seele bereits vor der Verbindung mit dem Leib existiert habe und die Leibesmaterie lediglich das negative Ergebnis eines Seelen-"Falls" darstelle[12]. Es ist erwiesen, daß Origenes diesen Gedankengang von zeitgenössischen Gnostikern übernommen und in sein Konzept eingebaut hatte[13]. Moderne Empfänger göttlicher Kundgaben knüpfen an diese angeblich „urchristliche, kirchlich eliminierte" Vorstellung an und stellen sie in den Mittelpunkt ihres synkretistisch-neugnostischen Modells.

Die Würzburger Lehrprophetin des Universellen Lebens (früher „Heimholungswerk Jesu Christi") *Gabriele Wittek* berichtet davon, daß die Seelen schon vor ihrer irdischen Inkarnation existiert hätten und sich jetzt im materiellen Bereich reinigen und läutern müssen, bevor sie den Heimweg in die lichteren Reinigungsstufen antreten könnten[14]. Eine ähnliche Vorstellung begegnet bei dem Tieftrance-Medium *Erika Bertschinger-Eicke* der Neuoffenbarungssekte *Fiat Lux*, die (wie Wittek) mit grundlegenden Aussagen und Begriffen Lorbers vertraut zu sein scheint[15]: „Die Urschöpfung GOTTES, die mit der grobstofflichen, sichtbaren Welt, in der wir jetzt leben, nichts zu tun hat, ist ganz und gar feinstofflich, rein und geistig zu verstehen."[16] Die sich auf esoterisches Wissen gründende Anthroposophie *Rudolf Steiners* (1861-1925) kennt ebenfalls einen Abstieg der Menschheit aus geistigen Höhen in die materielle, physische Welt, aus der sich der einzelne wieder emporentwickeln könne[17]. Bei den Bestandteilen der Erde handle es sich demzufolge um Seelensubstanz, die nach ihrer jeweiligen Bestimmung im Mineral- oder Pflanzenreich in unterschiedlichen Aggregatszuständen vorläge. Die Vergeistigung wird damit zum obersten Ziel dieses evolutionistischen Modells.

Der *Kosmos* verfügt bei Lorber über gigantische Ausmaße. Detailliert wird das Leben auf anderen Monden und Planeten beschrieben. Es dient Schulungszwecken ehemals „weltsüchtiger Seelen". Kurios wirken in diesem Zusammenhang die Schilderungen der nur zwei Schuh großen Mondmenschen[18] und ihrer Haustiere, der Mondschafe[19].

Satana, die personale Züge trägt, gilt – wie auch im Universellen Leben[20] – als Gottes erstes weibliches Geschöpf[21], das nach dem Abfall männliche Natur und Gestalt (Luzifer) für sich wählte[22]: „In mir liegen alle Eigenschaften wie in Gott, und Gott hat alle Seine Kraft in mich gelegt."[23] „Die ganze sichtbare Schöpfung samt den Menschen besteht nur aus den Partikeln des großen, gefallenen und in die Materie gebannten Geistes Luzifer und seines Anhanges."[24] Luzifer, ursprünglich „Satana" als „Gegenpol zur Gottheit", wird mit dem verlorenen Sohn des biblischen Gleichnisses aus Lk 15 identifiziert. Seit seinem Fall gleicht er einer Menschengestalt im endlosen Schöpfungsraum. In deren kleiner linken Zehe befindet sich die Erde, in die das gesamte Leben des einst urgeschaffenen Geistes gebannt ist[25]. Es wird in Lorbers Schriften sogar in Erwägung gezogen, ob das Fehlverhalten Luzifers von Gott vielleicht vorherbestimmt gewesen sein könnte, um so die göttliche Liebe durch eine barmherzige Rettungsaktion unter Beweis zu stellen[26].

Seither sind die erstarrten Materiemassen, die sich nach dem Fall gebildet hatten, in Auflösung begriffen. Der Anhang Luzifers wird kleiner. Dabei lösen sich die luziferischen Lebensfunken und werden über den Weg geistiger Läuterung immer weiter emporgeführt. Die Höherentwicklung vollzieht sich stufenweise über Mineral-, Pflanzen- und Tierreich – ein Gedanke, der einige Jahrzehnte später in der Theosophie *Helena Petrowna Blavatskys*[27] und ihrer weltanschaulichen Renaissance z. B. in den Neuoffenbarungen des *Universellen Lebens*[28] und des *Fiat Lux-Ordens*[29] eine wichtige Rolle spielen wird!

Dementsprechend hat sich die Menschenseele – aus der Sicht Lorbers – erst allmählich in der Ablösung vom Luziferischen auf dem Weg durch das Mineral-, Pflanzen- und Tierreich konstituiert. Ihr Aufstieg aus der Materie wird ermöglicht durch den in ihr befindlichen göttlichen „Gottesgeistfunken", an dessen Seite ein helfender „Liebesfunke" von Gott eingegeben wird, der den Menschen in seinen redlichen Bemühungen unterstützen und führen soll. Der Mensch konstituiert sich aus den drei Bestandteilen Leib, Seele und Geist, wobei letzterer ganz im gnostisierenden Sinn als unmittelbar göttlicher Urfunke, als „Stimme der göttlichen Liebe" gilt. Wenn sich die menschliche Seele der göttlichen Ordnung zuwendet, ereignet sich die „geistige Wiedergeburt": „Die von allem satanischen, selbstherrlichen und selbstliebigen Wesen gereinigte Seele kann mit ihrem göttlichen Geiste völlig *eins* werden und dadurch den kerkerartigen Mutterschoß der Materie verlassen und . . . in die Sphäre des reinen Geistes hinaustreten."[30] Ganz im gnostisierenden Sinn[31] ereignet sich bei Lorber „Erlösung" auf dem Wege des Hörens der „Neuoffenbarungslehre" Jesu und ihrer unmittelbaren Befolgung. Daher ist es nicht verwunderlich, wenn die Schriften Lorbers vielerlei Ratschläge für das menschliche Leben bereithalten (z. B. Ehe, Ernährung, Musik).

Nach den Aussagen dieser Neuoffenbarung befindet sich die Menschheit in der Endzeit. Bevorstehende Umweltkatastrophen, Feuersbrünste, die Verdunkelung der Welt bilden die Vorboten künftiger Reinigung bis zu geistiger Wiederkunft Christi, die sich durch Seher, Weise und Propheten ankündige werde[32]. Der egoistisch-zerstörerische Geist der irdischen Mächte und die durch Menschenhand entstellte Natur gelten als Indizien für die angebrochene Endzeit. Zwar würde die Erde noch viele Millionen Jahre mit oder ohne Menschen existieren, doch droht die eigentliche Gefahr, daß die auf der Erde befindlichen „Seelen" das Klassenziel des jetzt zu Ende gehenden Entwicklungsabschnittes hinsichtlich ihrer Reifung nicht erreichen könnten. Die Folge für sie wäre, daß sie zwar nicht ewig verloren, dafür aber für mindestens 1000 Jahre von der Weiterentwicklung auf diesem Planeten ausgeschlossen wären.

c) Jesus Christus: Übermittler, Lehrer und Vorbild

Nach Lorbers Niederschriften war es Aufgabe der Sendung Jesu, die gefallenen Geistwesen in das himmlische Vaterhaus zurückzuführen. Zu diesem Zweck hüllte Gott sein geistmenschliches Urmachtzentrum in einen menschlichen Körper, um die Gefallenen zu belehren: „So bin Ich als Gott denn nun da, um die Menschen nicht mehr durch meine Allmacht zu führen, sondern allein durch meine *Lehre*, die Ich ihnen nun so gebe, als wäre Ich selbst nichts mehr und nichts anderes als sie selber."[33] Jesus gilt nach den Angaben der Neuoffenbarung von Beginn seines irdischen Wirkens an als *inkarnierter Gott*. Von ihrem Umfang her bilden in Lorbers Schriften die Schilderungen des Lebens Jesu den Hauptteil der Lorberschen Kundgaben. Sie reichen von Auskünften über sein Aussehen bis hin zu den eher seltsam anmutenden Berichten über Versuchungen (Stolz, Hochmut, Frauen), denen er ausgesetzt gewesen sei. Den *Hauptgrund* seiner Sendung nennt der Lorbersche Jesus selbst: „Ich bin in diese Welt gekommen, um einen gerechten, sicheren Weg zu bahnen, auf den es für jeden eine Leichtes werden soll, die nahen Himmel zu erreichen. Doch soll dabei kein Mensch in der Freiheit seines Willens nur im geringsten beirrt werden. Von nun an wird jeder, der es fest und ernstlich will, die Himmel erreichen können, was bis jetzt nicht möglich war, da zwischen Erde und Himmel eine allzu große Kluft bestand."[34] Der freie Wille gilt wie auch bei späteren Neuoffenbarern als unumstößliche Freiheit des Menschen, die von Gott stets respektiert werde. Jesus erscheint dementsprechend als Vorbild, als Übermittler der „besten Lebensvorschrift", die der einzelne annehmen und für sein Leben anwenden müsse, um des ewigen Lebens teilhaftig zu werden. In den vielen verschiedenen Jenseitswelten kann der göttliche Christus-Geist gleichzeitig lebendige Gestalt annehmen, um den sich nach ihm sehnenden Geistwesen zu begegnen, besonders beim Übertritt von einer Entwicklungsstufe zur nächsthöheren.

Zur Frage der *Trinität* wird folgende Auskunft gegeben: „Jesu Geist, das heilige Urmachtzentrum Gottes, ist der ‚Vater'. Jesu Seele (und Leib), d.h. sein Menschliches, ist der vom Vater geschaffene ‚Sohn'. Die in die Unendlichkeit ausstrahlenden Gotteskräfte, ausgehend vom Vater durch den Sohn, sind der ‚Heilige Geist'. Und so sind in Christus vereint Vater, Sohn und Hl. Geist."[35] Sie können gar als Wesenheiten Gottes verstanden werden[36]. Der Weg der Erlösung konzentriert sich auf die Erfüllung des Doppelgebotes der Liebe, die es Gott und den Mitmenschen gegenüber zu praktizieren gelte. Von Lorber bzw. Jesus wird immer wieder der tätige Glaube gefordert. Der Akzent liegt eindeutig auf seinem lebenspraktischen Vollzug. Im Sinne eines Synergismus verfügt der Mensch aufgrund des freien Willens über die Möglichkeit, an seinem Heil, das sich auf dem Wege persönlicher Evolution vollzieht, aktiv mitzuwirken. Zur Untersützung seiner Bemühungen erweckt Gott in ihm den helfenden Liebesfunken, wenn sich der einzelne dem göttlichen Licht geöffnet hat.

d) Tod und Jenseits

Neben den Auskünften über das Leben Jesu bilden die Mitteilungen über das Jenseits den zweiten Schwerpunkt der „himmlischen Eröffnungen". Die Entwicklung des Menschen geht auch nach seinem Tod weiter. „Tod" im eigentlichen Sinne gibt es nicht; der Mensch wechselt vielmehr in die feinstofflichen Jenseitssphären über[37]. Dort hat er nun in neuen Schulungsstätten die Gelegenheit, sich weiter zu vervollkommnen. Ein biblisch verstandenes göttliches Gericht gibt es nicht (es gilt gar als Fälschung!)[38], ebensowenig ein ‚Zu spät!'. Wie es heißt, habe jede Handlung eine von Gott sanktionierte Folge, so daß sich jede Tat selbst richte. Das im Menschen enthaltene *Buch des Lebens* entscheide darüber, „wo der Wesensschwerpunkt im Menschen liegt, wo es ihn nach Geist, Seele und Leib entsprechend seinem inneren Zustand hinzieht."[39] In Analogie zum Mikrokosmos im Menschen (Geist, Leib, Seele) befinden sich im Makrokosmos drei Seinsebenen (Himmel, Hölle, Mittelreich), in denen sich das Geistwesen je nach seiner irdischen Lebensgestaltung vorfinden wird. Der Mensch wird damit zum Herrn seines eigenen zukünftigen Schicksals. „Gleiches zieht gleiches an" lautet das entsprechende Wirkgesetz: „Hat zum Beispiel jemand den lutherischen Glauben voll angenommen, dann wird er drüben auch einem lutherischen Verein angehören."[40] Eine ähnliche Vorstellung findet sich im *Universellen Leben*, wo dieses göttliche „Wirkgesetz" stärker mit dem außerbiblischen Karma-Gedanken korreliert und insbesondere in der dortigen Reinkarnationsvorstellung zum Tragen kommt[41].

Die Lorberschen Jenseitswerke „Bischof Martin" sowie „Robert Blum" oder die „Sterbeszenen" schildern Belehrungen einzelner Seelen durch ihre Schutzmächte im Jenseits. Das kosmische Erlösungskonzept gleicht einem Schulsystem, in dem der einzelne sich qualifizieren muß. Außerdem gibt es in jenseitigen Welten zusätzliche Möglichkeiten, auf dem individuellen Lernprozeß voranzuschreiten. Die Vorstellung einer postmortalen Entwicklung der Geister[42] findet sich bereits in dem Buch *J.H. Jung-Stillings* (1740-1817) „Szenen aus dem Geisterreich" aus dem Jahr 1795 und spielt im Entwurf des späteren „Schreibknechts Gottes", der die Werke von Jung-Stilling kannte und ihre Kernaussagen rezipierte, eine nicht unwesentliche Rolle.

Bei Lorber begegnet zusätzlich eine *Reinkarnationsvorstellung* westlicher Prägung[43]. Sie dient der Höher- und Weiterentwicklung menschlicher Seelen auf dem Weg zurück ins Vaterhaus. Die Wiederverkörperung einer Seele, die über Unsterblichkeit verfügt[44], ist kein Regelfall, kann sich aber bei sehr stark selbstbezogenen Seelen ereignen, die sich nicht belehren lassen wollen[45]. Diese werden in anderen stofflichen Welten wiedergeboren und unterrichtet[46]. In Ausnahmefällen ist auch eine Reinkarnation hier auf der Erde möglich. So wird von einem hochmütigen und selbstherrlichen König berichtet, der zur Läuterung als Kind armer Eltern wiedergeboren wird[47]. An anderer Stelle heißt es, daß ein Mensch freiwillig auf die Erde zurückkehren könne, um sich dadurch „höhere Befähigungen" anzueignen und damit die Gotteskindschaft zu erreichen[48]. Ein wiederholtes Menschenleben auf anderen Gestirnen ist insbesondere möglich[49]. Der Glaube an eine stetige Höherentwicklung des menschlichen Selbst begegnet in einer prägenden Form für die westliche Welt[50] in *Gotthold Ephraim Lessings* „Erziehung des Menschengeschlechts" aus dem Jahre 1780, wobei der individuelle Fortschritt ganz als Erziehungsprozeß beschrieben wird und auch die Reinkarnation als Mittel persönlicher Reifung einbezogen wird. An die Stelle der biblischen Heilsgeschichte tritt nun ein Geschichtsentwurf, in dem sich der westliche Fortschrittsoptimismus auch auf dem Gebiet der religiösen Ideen Bahn bricht. Das unendliche Universum wird zur Schule für den Menschen, der sich stetig in diesem und in anderen Leben weiterentwickeln kann. Dem entspricht in Lorbers Neuoffenbarung und seiner Adepten[51] die Vorstellung, daß die Naturseelen auf ihrem Evolutionsprozeß die widergöttliche Herrschsucht abzulegen und sich immer stärker der göttlichen Ordnung des gegenseitigen Dienens zuzuwenden hätten. Der Kosmos gleicht daher in seinem Wesen einer riesigen Erlösungsanstalt, in dem die göttliche Liebe sich durchzusetzen beginnt. In Lorbers gnostisierender Vorstellungswelt begegnet damit eine modellhafte Konkretion eines „pädagogischen Evolutionismus" (K. Hutten), der in neuoffenbarerischen und spiritistischen Kreisen eine nicht unwesentliche Rolle spielt. Die hier spiralenförmig verstandene Reinkarnation dient dabei als Mittel zum beständigen Aufstieg des Menschen – ein Gedanke, in dem sich der für das 19. Jahrhundert typische Fortschrittsgedanke widerspiegelt! Doch Gottes barmherzige Liebe hat bei einem Selbstmord deutliche Grenzen: „Eine Selbstmörderseele bleibt durch ihre selbstvernichtende Tat ein Leck für immer, das darin besteht, daß sie nahezu nie zur vollen Kindschaft Gottes gelangen kann."[52]

Als Ziel der Höherentwicklung bzw. als eschatologisches Heil gilt aus der Sicht des Lorber-Werkes die beständig zunehmende Gotteserkenntnis und geistige Schau. Mit einer ausführlichen Jenseitstopographie wird der Reifungsprozeß menschlicher Seelen beschrieben. Auch nach ihrem Übertritt in die jenseitigen Sphären benötigen sie göttliche Belehrungen. Zunächst gelangen sie in das in der Luftregion der Erde befindliche *Mittelreich*, das sich in drei Ebenen gliedert. Dort werden sie ihrem jeweiligen Reifungsgrad entsprechend auf Himmel und Hölle vorbereitet, die in diesem Konzept als geistige Entwicklungszustände der Seele gelten. Der Mensch und sein von Gott stets respektierter Wille richten sich demzufolge selbst. Verschließt er sich den göttlichen Hilfestellungen für sein weiteres Fortkommen, kann ein Absinken in die niederen Bereiche der *Vorhölle* erfolgen.

Hat die menschliche Seele im „Mittelreich" sich von den göttlichen „Schutzmächten" belehren lassen, so daß in ihr die Sehnsucht nach der himmlischen Welt wächst, wird ein weiterer Aufstieg in die höhere Welt, in den *Vorhimmel*, möglich. Die Heimkehr der einst verlorenen und nunmehr sich läuternden Seele führt über den *Weisheits- und Liebe-Weisheits-Himmel* schließlich in den *allerhöchsten Liebehimmel*, in dessen Zentrum sich das Allerheiligste, das *Himmlische Jerusalem*, befindet. Hier ereignet sich die völlige Gottesschau und Einheit mit dem himmlischen Vater. Mit der allmählichen Rückkehr aller Geistseelen in das himmlische Vaterhaus beginnt sich die Materie aufzulösen. Luzifers Anhang nimmt ab. So wird am Ende die reumütige Umkehr des einst gefallenen Engels möglich. Dezidiert vertritt Lorber – wie alle späteren Neuoffenbarer – die Lehre von der *Allversöhnung*.

3. Kritische Anfragen

Die Universalität und innere Geschlossenheit dieses Entwurfs hat immer wieder gläubige Bewunderer gefunden. Bei intensiver Lektüre wirkt das Werk an vielen Stellen breit und langatmig. Der Jesus dieser Neuoffenbarung ist vorrangig mit sehr umfangreichen Belehrungen befaßt, zum Teil mit Banalitäten (etwa über Mundwasser und Opern, Kaffee und Musik) sowie kuriosen, science-fiction-ähnlichen Detailinformationen über außermenschliches Leben, was dem Werk eine gewisse Weitschweifigkeit verleiht.

Die Dominanz des pädagogischen Aspekts in der Neuoffenbarung läßt sich zurückführen auf das Berufs- und Weltbild Lorbers. Lernen und Lehren, geistiges Wachstum und persönliche Qualifikation spielten in seiner Biographie eine nicht unbedeutende Rolle! Die Niederschriften haben natürlich ihren geistesgeschichtlichen Ort[53]. In ihnen begegnet der Versuch, den nicht mehr existenten Zusammenhang von Weltanschauung, Religion, Wissen und Glauben wiederherzustellen. Lorbers gnostisch anmutendes Gebäude will für seine Zeit Antworten finden. Eine in immer höherem Maße technisierte und komplizierte Welt, in der der einzelne sich nicht mehr zurechtzufinden droht, wird in den „Diktaten" überschaubar und ihn ihren tiefsten Zusammenhängen verstehbar gemacht. Glaube und Wissen sollen miteinander versöhnt werden. Eine spiritualistische Weltsicht wird angeboten. Auf die bereits genannten gnostisierenden Strukturmerkmale im Menschen- und Weltbild dieser Neuoffenbarung sei hier zusammenfassend hingewiesen:

1. *Die Materie steht unter einem negativen Vorzeichen; sie gilt als Folge eines präkosmischen Falls.*
2. *Der Leib des Menschen gilt nicht als genuin gute Schöpfung Gottes, sondern als Einkerkerung eines ursprünglichen Geistwesens.*
3. *Das Wesen des Menschen war bereits vor diesem Leben existent und hat demzufolge eine andere Herkunft und Bestimmung als der materielle Leib.*
4. *Nur durch das Hören der „übernatürlichen Offenbarungsbotschaft", der Neuoffenbarungslehre, wird der Mensch sich seiner eigentlichen Bestimmung bewußt.*

In dieser gnostisierenden Tradition stehen, wenngleich mit anderen Begrifflichkeiten operierend, auch andere Neuoffenbarer (*J. Widmann*), wobei dann in Einzelfällen außerchristliche Vorstellungen wie etwa der Karma-Gedanke in neuoffenbarerischen Gruppen (*Universelles Leben, Fiat Lux*) bestimmend werden können. Der Lorbersche Jesus scheint lediglich mit der Übermittlung von Erkenntnissen betraut zu sein. Seine Rolle als Erlöser und Heiland tritt dagegen auffällig in den Hintergrund. Die Menschen sollen belehrt und damit der göttlichen Geheimnisse teilhaftig werden. Alles, Mensch und Welt, wird unter dem Aspekt der göttlichen Liebe gesehen und beurteilt. Darin liegt sicherlich für viele das Faszinosum dieser Kundgaben. Doch inwieweit begegnet hier noch genuin biblisches Gedankengut? Lorbers Anhänger werden nicht müde, immer wieder den biblischen Grund der Neuoffenbarung zu betonen. Doch es fallen bedeutende Unterschiede ins Gewicht. Einzelne Punkte seien kurz benannt:

Lorbers *modalistische Gottesvorstellung,* wonach Vater, Sohn und Heiliger Geist lediglich Wesensseiten Gottes seien, ist abzulehnen. Die Bibel spricht an vielen Stellen von der Selbstunterscheidung Jesu vom Vater (Mk 10,18; Joh 5,19). Jesus hat offenbar ganz bewußt auf eine Gleichstellung mit Gott verzichtet[54]. Zwar spricht die Schrift nicht ausdrücklich von dem dreieinigen Sein Gottes, nennt aber die drei Personen Gottes und stellt sie in einen direkten, engen Zusammenhang (z. B. Mt 28,19ff; 1. Kor 12,4ff). Die kirchliche Trinitätslehre hat darin ihren Grund, daß der dreieinige Gott nur aus der Geschichte seiner Offenbarung in Christus und im Geist erkannt wird[55]. Sie ist wesentlich eine Versöhnungsgeschichte zwischen Gott und dem Menschen, die in ihrer Tiefe von Lorber so nicht gesehen wird. Insbesondere die Schuld, der tiefe Bruch zwischen Gott und Mensch, wird an vielen Stellen – irrigerweise – moralistisch interpretiert. Die göttlichen Personen sind voneinander zu unterscheiden. In der Einheit Gottes besteht ein wirkliches Gegenüber von Vater, Sohn und Geist. Die an mancher Stelle der Neuoffenbarung geäußerte Kritik an der kirchlichen Trinitätslehre, wonach sie einen Tritheismus lehre[56], deutet darauf hin, daß Lorber sie offenbar nicht verstanden hatte[57]. Die kirchliche Tradition sprach und spricht von drei Personen in „una substantia" und geht damit durchaus von der Einheit Gottes aus.

Die *gnostisierende* Unterscheidung von geistiger und stofflicher Schöpfung ist biblischem Denken fremd. Christlicher Glaube bekennt Gott als den Schöpfer des Himmels und der Erde. Damit wird auch die sichtbare Welt – wenngleich durch Menschenhand oft genug entstellt und bedroht – als gottgewollt und damit liebenswert gekennzeichnet. Bei Lorber gilt dagegen die Materie gegenüber dem Geistigen als defi-

zitär. Sie ist für den Menschen zentraler „Lernort", Behelfsmaß-
nahme zur Rückführung der gefallenen „Geistwesen" und infolge
göttlichen Wirkens in Auflösung begriffen. Das biblisch-christliche
Zeugnis geht demgegenüber davon aus, daß der Mensch nicht von
dieser Welt, sondern mit dieser Welt erlöst wird (Röm 8,20ff). Der
Mensch ist zudem in seine eigene Schuld, und nicht – wie gnostisches
Denken es will – in die Materie „verstrickt". Überhaupt spielt im Lorber-Werk die Gottesferne des Menschen, sein radikales Angewiesen-
sein auf Gottes erbarmendes Handeln fast keine Rolle mehr. Der Akzent liegt in den Neuoffenbarungen auf ethischen Appellen, dem Aufruf zu reiner Gottes- und Nächstenliebe. Die Gottesferne des Menschen zeigt sich lediglich darin, daß er noch unwissend bzw. noch nicht
göttlich belehrt wurde. Es hat den Anschein, als würde es ausreichen,
sich Gott zuzuwenden und seine Liebe zu verinnerlichen.
Demgegenüber spricht die Bibel von Sünde als einer übergreifenden
Machtsphäre, in der sich der Mensch vorfindet und die sein Handeln
bestimmt. Aus ihr wird er von Gott befreit, nicht durch Belehrung
(Lorber), sondern durch die Vergebung, die im Christusgeschehen
vollzogen ist und vom Heiligen Geist den Glaubenden gegenüber be-
kräftigt wird.
Die Lorber-Schriften „Die Jugend Jesu" und das „Große Evangelium
Johannes" können, wie die Untersuchung von A. Fincke ergeben
hat[58], unmöglich göttlichen Ursprungs sein. Das Lorbersche Jesusbild
weicht trotz seiner inneren Geschlossenheit in hohem Maße vom biblischen ab[59]: In der „Jugend Jesu" begegnet Jesus als göttlicher Wunderknabe, der mit seinen unbegrenzten Fähigkeiten eher übermensch-
lich erscheint. An anderer Stelle vollbringt er sogar Straf- und Tö-
tungswunder[60], was allerdings im krassen Widerspruch zum biblischen
Zeugnis steht[61]. „Lorber versteht Jesus als ein überweltliches Wesen,
welches kraft seines Lehramtes Erkenntnis und Wissen den Menschen
bringt, und reduziert so Jesu Heils- und Erlösungstat auf die Vermittlung von Erkenntnissen. Lorbers Erlösungsmodell ist geradezu ‚gnostisch' zu nennen: Der Mensch soll sich nur zu Gott wenden bzw. sein
Licht und seine Liebe aufnehmen, um somit stärker bzw. göttlicher zu
werden."[62] Bei Lorber ist im Gegensatz zum biblischen Denken die
menschliche Mitwirkung zum Heil, zur Annahme durch Gott mitein-
geschlossen. Guter Wille, die Befolgung der göttlichen Ratschläge
scheinen dazu auszureichen. Dagegen ist hier das reformatorische
Prinzip des „sola fide" sowie des „sola gratia" geltend zu machen, wo-

nach allein der Glaube sowie allein die Gnade Gottes den Menschen aus seiner Ichbezogenheit befreien und ihn Gott zuwenden kann.

Die detaillierten Auskünfte über das Jenseits tragen bei Lorber stark spekulative Züge und erweisen sich im Gefolge Swedenborgs in ihrer Form als Vorläufer einschlägiger spiritistischer Literatur[63]. Ebenso wie bei dem schwedischen Visionär, dem Begründer des „modernen Himmels" mit einer ausgeführten Jenseitstopographie, gibt es nach Lorber spirituellen Fortschritt als einen ewigen Prozeß, der sich auf die nach-todliche Existenz des Menschen gleichermaßen erstreckt; doch darin erweisen sich beide „Botschaftsübermittler" als Kinder ihrer Zeit[64]. Anders dagegen verhält es sich mit den biblischen Aussagen hinsichtlich der „letzten Dinge". Die persönliche Zukunftserwartung des Christen hat ihren Grund nicht in der Offenbarung eines bestimmten Zukunfts- oder Jenseitsbildes, sondern „in dem Vertrauen auf Gottes sich endgültig durchsetzende Gerechtigkeit"[65], die sich bereits in Jesu heilvollem Wirken manifestiert. Wo die Schrift in ihren Aussagen sehr zurückhaltend ist, gibt der Lorbersche Jesus freimütig Auskunft. Das Jenseits wird plastisch, der Tod entschärft: Er ist Übergang, Wechsel in ein jenseitiges Leben. Es geht mehr um individuelle Evolution und weniger um die biblische Perspektive von Gottes universalem Handeln. Es fällt auf, daß die breit entfalteten Jenseitsschilderungen und -auskünfte wenig Platz lassen für die christliche Auferstehungshoffnung. Alles wird unter dem Aspekt der fortschreitenden, menschlichen Entwicklung gesehen, selbst die Reinkarnationslehre. Daß damit die biblischen Texte nicht ergänzt oder gar erweitert werden, liegt auf der Hand. Zu gravierend sind die Unterschiede zwischen dem Neuen Testament und der Lorberschen Neuoffenbarung, so daß Gott bzw. Jesus Christus unmöglich der Urheber der Kundgaben sein kann bzw. die „Diktate" nicht „auf demselben göttlichen Grund wie die Bibel"[66] stehen können. Analoges gilt übrigens für die „Neuoffenbarer" des 20. Jahrhunderts, die viele Motive aus Lorbers Werk übernommen haben.

Es fällt auf, daß die Frage eines „Lebens nach dem Tod" immer wieder zum Ansatzpunkt offenbarungsspiritistischer, neu-gnostischer und naiv-mythischer Spekulationen wird. Für die christliche Theologie bedeutet das, biblisch verantwortete Auskünfte und Orientierungshilfen in dieser Fragestellung anzubieten. Als hilfreiche Perspektive erweisen sich die Grundgedanken des Reformators Martin Luther[67], der schon zu seiner Zeit darauf hingewiesen hatte, daß die irdischen Kategorien „Zeit" und „Raum" für nachtodliche Vorstellungen überholt seien. Vielmehr genüge es, die Verstorbenen in Gottes bergender Hand zu wissen – ein Ereignis, das zeitlich-räumliches, also menschliches Denken übersteige. Von diesen grundsätzlichen theologischen Erwägungen ausgehend handelt es sich bei den teilweise plastischen Ausschmückungen der Neuoffenbarung[68], wonach jeder Tod objektiv den unmittelbaren Übergang zum Jüngsten Tag bedeuten würde[69], um „eine denkerisch unzulässige Verquickung der irdischen Zeitlinie mit der Ewigkeitswelt."[70] Die Vorstellung einer individuellen linearen Fortentwicklung des Menschen im Jenseits kann so nicht ohne weiteres als genuin christliches Gedankengut postuliert werden. Es fällt auf, daß bei Lorber der christliche Auferstehungsgedanke gänzlich fehlt bzw. uminterpretiert wird. So heißt es bei Lorbers Jesus: „Die Auferstehung des Fleisches sind nur die der Seele allein das wahre, ewige Leben gebenden guten Werke, welche die Seele in diesem Fleischesleben den Nebenmenschen hat angedeihen lassen. Wer demnach Meine Lehre hört, an Mich glaubt und danach handelt, den werde Ich auferwecken an *seinem* jüngsten Tag, der *sogleich* nach dem Austritt der Seele aus diesem Leib erfolgen wird."[71]

Auch damit begegnen in den Aussagen Lorbers geläufige spiritualistisch-gnostisierende Strömungen, die allerdings aus christlich-theologischer Sicht fragwürdig sind. Vor diesem Hintergrund fällt es christlich-theologischem Urteil schwer, in den Niederschriften *neue* Mitteilungen Gottes erkennen zu können. Dafür sind die Kundgaben zu sehr von *dieser* Welt bestimmt.

IV. Die Verbreitung der Schriften Lorbers

Interne Informationen über die Geschichte der Lorberschen Niederschriften von ihrer handschriftlichen Vervielfältigung und Verbreitung bis zu ihrer Drucklegung lassen sich den verschiedenen Publikationen des Lorber-Verlages entnehmen[1]. Sie geben Aufschluß über
den zeitgeschichtlichen Kontext der „göttlichen Botschaften", vor allem aber über ihren Anhänger- und Rezipientenkreis im 19. und 20.
Jahrhundert.

1. Erste Anfänge

Als Lorber die Diktate jener „inneren Stimme" niederschrieb, waren
meist Freunde bei ihm: Dr. Justinus Kerner, Dr. Ch. F. Zimpel (der
Begründer der spagyrischen Heilweise nach Paracelsus), der Grazer
Bürgermeister Anton Hüttenbrenner und sein Bruder Anselm, von
Beruf Komponist und mit Beethoven und Franz Schubert freund-
schaftlich verbunden; Dr. Anton Kammerhuber, der Apotheker Leopold Cantily sowie der spätere Lorber-Biograph Ritter von Leitner,
der seit 1841 die seltsamen Niederschriften selbst miterlebt hatte[2]. Die
genannten Personen entstammten dem Kreis der Grazer Intellektuel-
len. An spiritualistischen Fragen zeigten sie sich interessiert und nahmen das Mitgeteilte bereitwillig in sich auf. Sie erhielten über Lorber
zugleich Antworten für ihr Leben, manchmal auch persönliche Ratschläge. Lorber selbst geriet nie in Zweifel ob seiner göttlichen „Berufung". Immer wieder wurde er während des Schreibvorganges von
dem Inhalt des Diktierten so tief ergriffen, daß er bisweilen in Tränen
ausbrach – und seine Freunde mit ihm[3].
Der erste Zeuge dieser Kundgaben, die Lorber in seiner Grazer Verborgenheit zu Papier brachte, war der Komponist *Anselm Hüttenbrenner*. Er sammelte die Schriften des „Schreibknechts" und fertigte von
den täglichen Niederschriften jeweils eine Abschrift an. So versichert
der heutige Inhaber des Lorber-Verlages, *Friedrich Zluhan*: „Diese
überaus sorgfältigen Hüttenbrennerschen Abschriften sind uns alle erhalten geblieben und ergänzen den Schriftbestand in zuverlässiger
Weise, auch da, wo einige Originale Lorbers leider verschollen
sind."[4]
So führte Hüttenbrenner ein sogenanntes „geistiges Tagebuch", in

dem er die von Lorber empfangenen „Nebenworte" („eben weil sie *neben* den anderen großen Kundgaben einherliefen"[5]), regelmäßig (vom 13. 4. 1840 bis 2. 1. 1850) in großen Folianten aufzeichnete. Später wurden sie als dreibändiges Werk „Himmelsgaben" herausgegeben.

Hüttenbrenner war es auch, der die Veröffentlichung der Niederschriften maßgeblich mitbestimmte. Gegen Ende des Jahres 1848 schrieb er an *Justinus Kerner* (1786-1862), Oberamtsarzt und zudem ein bedeutender Lyriker der schwäbischen Romantik, einen Brief nach Weinsheim[6]. Man zählt Kerner aufgrund seiner eigens entwickelten, fast schon „förmlichen Geistertheorie" zum spiritistischen Umfeld[7]. Er hatte 1829 „Die Seherin von Prevorst" verfaßt, ein Werk über die „Geistseherin" Friederike Hauffe, das in okkulten und theosophischen Kreisen besondere Beachtung gefunden hatte. Für Lorber muß der Name „Kerner" ein Begriff gewesen sein, zumal dessen Werke zu seiner eigenen Lektüre zählten. Später entstand durch die Vermittlung von Freunden zwischen den beiden ein persönlicher Kontakt.

Hüttenbrenner legte damals seinem Schreiben an den Weinsberger Arzt als Leseprobe die geoffenbarte „Geschichte des Menschengeschlechtes" bei. Zudem teilte er mit, daß – außer diesem Werk – die Schriften „Enthüllungen der Sonne" (in 50 Heften), „Die Erde", „Der Saturn", „Jugendgeschichte des Herrn", „Erklärungen wichtiger Texte des Alten und des Neuen Bundes", eine Offenbarung über „Besessenheit" und die „Neun Szenen aus dem Geisterreich" bereits abgeschlossen seien. Ein Gedichtband mit dem Titel „Pathiel oder die große Zeit der Zeiten" sei in der Grazer „Kienreich'schen Buchhandlung" vor kurzem erschienen. Unklar muß an dieser Stelle bleiben, ob Lorber dieses dichterische Werk unter seinem eigenen Namen selbst veröffentlicht oder ob Freunde das für ihn besorgt hatten. Den Auftrag, „Pathiel" drucken zu lassen, erhielt Lorber persönlich am 12. 5. 1848. In einer jenseitigen Kundgabe wurden sogar der Preis und die Auflagenhöhe des Büchleins bestimmt: „Daher siehe, daß sie (die Schrift; der Verf.) gedruckt wird in einigen hundert Exemplaren, ja auch in tausend und etwas darüber . . . Teuer aber solle es nicht sein, damit sich's viele anschaffen können. So es zwanzig Kreuzer kostet, dann ist es weder zu teuer noch zu wohlfeil . . . Der Ertrag soll dir zugute kommen. Darauf aber kann sogleich das von euch sogenannte ‚Hauptwerk' und darauf Meine ‚Jugendgeschichte' folgen – und dann ‚Sonne und Planeten', ‚Die Erde' und verschiedene ‚Naturzeugnisse'"[8]. So regelte die „innere Stimme" Lorbers detailliert das Publikationsverfahren der „Neuoffenbarung". Dabei mahnte der Lorbersche Jesus: „Benützet die Zeit, denn sie ist nun da, die Ich für die Veröffentlichung dieser neuen Offenbarung bestimmt und tauglich gemacht habe. Scheuet nun keine Mühe und anfänglich keine Kosten! Ich sage euch, ihr werdet *alle einen tausendfachen Gewinn* haben geistig!"[9] Doch es gab Schwierigkeiten. Hüttenbrenner berichtete Kerner, warum die Veröffentlichung nicht zügig vonstatten gehen konnte: „Wir hätten diese heiligen Schätze schon lange gern der Welt mitgeteilt, aber wir durften nicht. Erst seit kurzem erhielten wir des Herrn Auftrag zur Veröffentlichung. Er lautet: ‚Die Zeit, in der die Welt Meines neuen Wortes bedürfen wird, ist nun da! Die ‚Hure' ist geworfen; des Drachen Geifer ist unschädlich geworden. Daher hinaus mit dem neuen großen Tage!"[10]

Warum sich Hüttenbrenner im Jahre 1848 vorerst an Kerner gewandt hatte, schrieb er im weiteren Verlauf des Briefes. Doch an der interessanten Stelle, wo die konkreten Gründe zur Sprache kommen, fügten die späteren Herausgeber des Buches, das den Brief enthält, folgenden Text ein: „Hier ist aus dem Folianten des ‚Geistigen Tagebuches', welcher die Wiedergabe des Schreibens enthält, von unbekannter Hand ein Blatt entfernt."[11] Die wahren Gründe, warum man sich für die Veröffentlichung an die Adresse Kerners wandte, müssen demnach im dunkeln bleiben. Es lassen sich jedoch Vermutungen anstellen. Kerner war durch sein bereits erwähntes Werk über „Die Seherin von Prevorst" als okkulter Schriftsteller hinreichend bekannt. Indem man sich mit der Bitte um Unterstützung an ihn wandte, konnte man Interesse für das „Phänomen Lorber" wohl voraussetzen. Hatte man bei Kerner erste einmal Neugier geweckt, so konnte damit sicherlich eine gute Ausgangsposition für die Veröffentlichung des Lorberschen Schrifttums geschaffen werden. Zudem war von Vorteil, daß sich Kerner in Deutschland befand. So konnte dem ganzen Unternehmen ein größerer Erfolg beschieden sein, da man vor einer Publikation der „ketzerischen Werke" im katholischen Österreich zurückschreckte.

Die Hoffnung wurde erfüllt. Kerner verlegte im Jahre 1851 anonym die „neuoffenbarten Schriften des Urchristentums", den „Briefwechsel Jesu mit Abgarus Ukkama" und den „Brief Pauli an Laodizea" im Verlag von Johann Ulrich Landherr in Heilbronn. Offenbar versah er jedes dieser Werke mit einem Vorwort. Allerdings fanden beide Veröffentlichungen keinerlei Beachtung. Durch Kerner wurde der Arzt und Schriftsteller *Ch. F. Zimpel* aus Jena auf Lorber aufmerksam. So besuchte er diesen 1850 in Graz und beobachtete ihn über Jahre hinweg. Zwei Jahre später gab Zimpel die beiden großen Hauptwerke „Die Haushaltung Gottes", „Die Jugend Jesu" sowie das kleinere Werk „Der Mond" im Verlag Schweizerbart in Stuttgart heraus. Doch kurz darauf wurde die gesamte Auflage der „Jugend Jesu" konfisziert und vernichtet. Die Gründe für die Beschlagnahmung, die – wie es heißt – auf Betreiben der Kirche veranlaßt worden war, sieht Otto Zluhan in dem für sie sicherlich anstößigen Vorwort Zimpels. Darin geht er „auf das kirchliche Dogma ein und greift mit harten Worten die Lehre der Dreieinigkeit an. Er schreibt u. a.: 'Betrachtet man den gegenwärtigen traurigen Zustand der christlichen Kirche und namentlich die vielen unglückseligen Spaltungen und das Sektenwesen unter den Protestanten, und sucht nach dem Grunde, so drängt sich dem unparteiischen Beobachter die Überzeugung auf, daß die Annahme von mehr als einer Gottheit, nämlich eine dreifache, also Vielgötterei, *eine* der Grundursachen zum Verfall der göttlichen christlichen Kirche geworden ist. Wer dieselbe herbeiführt und wessen Werk dies überhaupt ist, davon will ich hier nicht sprechen, sondern mich allein an das Faktum halten . . .“[12] Nach der Konfiskation der Bücher gab Zimpel kein weiteres Lorber-Buch mehr heraus. Erst einige Zeit später, im Jahre 1869, ließ allerdings *Karl August Schöbel,* ein Tierarzt in Söbringen bei Pilnitz in Sachsen, eine zweite Auflage der „Jugend Jesu" unter seinem eigenen Namen bei B. G. Teubner in Dresden drucken. An eine Veröffentlichung anderer Lorber-Texte war zunächst nicht gedacht. Es sollte noch einige Zeit dauern, bis endlich ein eigener Verleger für die Lorber-Schriften gefunden werden konnte.

2. Der erste Verleger Johannes Busch (1854-1879)

Durch die Lektüre der bisher veröffentlichten Lorberschriften wurde der Zeughausverwalter *Johannes Busch* (1793-1879) in Dresden ein passionierter Lorber-Anhänger. Am 1. Mai 1854 schrieb er an Lorber mit der Bitte, ihm sämtliche Manuskripte zur Lektüre zu schicken. Nachdem der „Schreibknecht" ihm die angeforderten Exemplare zugesandt hatte, reiste Busch am 15. Januar 1855 nach Graz, um Lorber persönlich kennenzulernen. Bald drängte Busch auf eine weitere Veröffentlichung der „göttlichen Offenbarungen". Da es für Lorber und seine Freunde unmöglich war, die Werke in Österreich zu publizieren, sah sich Busch nach einem geeigneten Verleger in Deutschland um. Bereits im November 1854 versuchte er den Schlußteil der „Haushaltung Gottes" bei einem Leipziger Verlag unterzubringen, was jedoch mißlang. Auch andere Verlage zeigten bei Anfrage kein ernsthaftes Interesse. So beschloß Busch, die Werke selbst zu verlegen. Dabei wurde er von seinem Sohn Moritz, der Pressechef bei Bismarck war, sowie *Gottfried Mayerhofer* (1807-1877), der später ebenfalls jene „innere Stimme" zu vernehmen meinte, unterstützt. 1854 gründete Busch in Dresden einen eigenen Verlag. In diesem sind „Der Saturn" (1855), „Die Erde" (1856), „Die Dreitagesszene" (1861), „Die natürliche Sonne" (1864) und „Die geistige Sonne" (1870) erschienen. Von 1870 bis 1877 erfolgte die Drucklegung des „Großen Evangeliums nach Johannes" (in sieben Bänden), allerdings nicht nach dem Lorberschen Originalmanuskript, da es nicht verfügbar war, sondern nach einer Abschrift aus dem Triester Freundeskreis, der sich lose um die „Neuoffenbarung" geschart hatte.

Damit war nun ein Großteil der Werke Lorbers veröffentlicht, so daß dieser noch zu Lebzeiten acht gedruckte Bände in Händen halten konnte. Dadurch erweist sich die Behauptung *Eggensteins*, wonach bis zum Tod Lorbers „nur wenige Seiten seiner Schriften gedruckt und ohne Nennung seines Namens veröffentlicht" wurden[13], als unzutreffend. *Rinnerthaler*[14] kann auf ein zusätzliches Werk Lorbers verweisen, das von Busch 1869 herausgegeben wurde und im Verlag Louis Mosche in Meißen in Kommission erschienen war. Es trug den Titel „Lichtwort über Tisch-Rücken, Klopfen und Schreiben, sammt einem Schlüssel, mit der Geisterwelt zu correspondiren". Dabei handelt es sich (trotz des Hinweises von Fincke[15]) um ein Werk, das heutzutage bei den Auflistungen der Lorberschen Schriften ansonsten nicht erwähnt wird. Auch beim Verlag bzw. der Lorber-Gesellschaft ist dieses Buch nicht mehr erhältlich[16].

3. Christoph Friedrich Landbeck (1840-1921)

Der Kunstmaler Landbeck verspürte seit jeher Interesse für Spiritismus, Mystik, Vegetarismus und Naturheilkunde. Stets soll er nach dem letzten Baustein seiner Weltanschauung gesucht haben[17]. So kam er nach Triest, wo er 1870 *Gottfried Mayerhofer* und damit auch die Schriften Lorbers kennenlernte. Zu dieser Zeit existierte „eine kleine Triestiner Gemeinde, bestehend aus Dr. Waidele, Dr. Medeotti, Major Gottfried Mayerhofer, Frau Auguste Esche und Ritter von Mayersbach"[18].

Der Militärarzt Waidele zählte zu dem kleinen Kreis der „Eingeweihten", die sich zu Lorbers Lebzeiten um ihn geschart hatten. Er war es auch, der sich von den Manuskripten Lorbers Abschriften machte und sie sammelte. Als er von Graz nach Triest versetzt wurde, kamen auch die handschriftlich kopierten Lorber-Schriften nach Triest. Das jahrelange Abschreiben soll ihn so „vergeistigt" haben, daß Engel zu ihm gesprochen hätten. Eines Nachts erhielt er den Auftrag: „Du sollst morgen früh, ehe Du Deinen beruflichen Dienstgang antrittst, Deinem schwerleidenden Kollegen Dr. Medeotti einen Liebesdienst erweisen. Ich werde Dich leiten und führen, da er ohne dem unzugänglich wäre. Nimm Dein Buch, die in Stuttgart von Dr. Zimpel zum Druck beförderte Jugendgeschichte Jesu, schlage sie ein und lege einen Zettel hinein, daß Du das Buch in 8 Tagen wieder haben willst."[19] Die Werbung durch das Buch hatte Erfolg. Medeotti gehörte von nun an zu den Lorber-Anhängern. Auf die gleiche Weise gewann Waidele den Major Mayerhofer. Dieser hatte eine Militärkarriere in bayerischen, aber auch griechischen Diensten hinter sich, bis er 1835 wegen einer Heirat mit einer Griechin auf eigenen Wunsch entlassen worden war. Ein Zeitgenosse Mayerhofers[20] schildert ihn als hochgebildet und äußerst begabt, besonders in spiritistischen Angelegenheiten. Der Ex-Major begann die Schriften Lorbers abzuschreiben. Dabei soll er – ähnlich wie Lorber vor ihm – im März 1870 das „innere Wort" vernommen und bis zu seinem Tod im Jahre 1877 „himmlische Botschaften" empfangen haben. Sein zeitgenössischer Beobachter – offenbar selbst dem Spiritualismus nicht abgeneigt – berichtet voller Bewunderung: „*Mayerhofer* zögerte nicht, das Haupt einer Anzahl von Adepten zu werden, die sich mit dem Spiritualismus eingehend beschäftigten ... Er war ein Hellsehender ... Ich selbst bin mehrmals Zeuge seiner Macht über böse Geister gewesen ... *Mayerhofer* hat mediumistisch eine grosse Anzahl Heilungen erzielt. Seine magnetische Kraft war bewunderungswürdig"[21]. Landbeck war während dieser Zeit Zeuge der Niederschriften und schrieb das „Predigtbuch", das Mayerhofer diktiert worden war, siebenmal, die Lorbersche „Jugendgeschichte Jesu" dreimal ab. – Durch diese handschriftlichen Vervielfältigungen konnte im Bekannten- und Freundeskreis geworben werden, wie dies auch im Kreis um Lorber geschehen war. Aus Angst vor Verfolgung oder einer möglichen Konfiskation des Schrifttums scheute man dort jedoch eine Veröffentlichung, nicht zuletzt wegen der fehlenden finanziellen Mittel. Stattdessen warb man in der Stille, in der persönlichen Umgebung für die „Neuoffenbarung" Lorbers, deren Texte man auch deswegen so oft abschrieb, um sich selbst geistlich zu „erbauen". So nimmt es nicht wunder, wenn die Abschreiber jene „innere Stimme" schließlich ebenso in sich zu vernehmen meinten. Wie sich am Beispiel der Lorber-Edition Landbecks feststellen läßt, ist der Übergang von der Neuoffenbarung zum Spiritismus fließend. Nicht umsonst konnte der spätere Neu-Salems-Verleger angeblich von Lorber empfangene „Winke über wirkliche Geisterkorrespondenz" veröffentlichen – allerdings, wie es im Vorwort der zweiten erweiterten Auflage von 1885 hieß, „zunächst nur für den engeren Kreis der Liebhaber und Freunde unserer Schriften gegeben; wobei allerdings der Hoffnung Raum gelassen wird, daß dieselbe auch in den Reihen der *Spiritisten* hie und da Eingang finde; denn dort wäre das bedeutenste Feld ihren Segen bemerklich zu machen."[22] In einem Anhang wurden deshalb nach den einschlägigen Lorber-Mitteilungen zudem ergänzende spiritistische Botschaften (ab 1881) beigefügt. Verstorbene meldeten sich in den Feierstunden der Neu-Salems-Kreise über Medien zu Wort, so etwa der Apostel Paulus, Martin Luther, Emanuel Swedenborg, Oetinger, Jung-Stilling, Michael Hahn, Friedrich Schiller (im Gespräch mit Landbeck), Gottfried Mayerhofer und sogar Jakob Lorber selbst! Im Zuge der „okkultistischen Erweckung", die seit Mitte des 19. Jahrhunderts Europa erfaßt hatte[23], bedienten sich die Neusalems-Kreise verstärkt offenbarungsspiritistischer Praktiken, um auf diese Weise mit den für sie maßgeblichen, bereits verstorbenen Autoritäten (Swedenborg, Lorber) Kontakte zu knüpfen und weiterführende Botschaften aus dem Jenseits zu erhalten.

Durch Mayerhofer kam Landbeck in brieflichen Kontakt mit Johannes Busch in Dresden. Im Jahr 1877 starb Mayerhofer, kurze Zeit später auch Johannes Busch. Der Verlag in Dresden war nun verwaist. Wie sollte es weitergehen? Auf Bitten seiner Freunde übernahm Landbeck den Verlag. Zuvor noch hatte er im Bruderhaus des Swedenborgschülers Gustav Werner gearbeitet. Jetzt widmete er sich nun ganz seiner Aufgabe als Verwalter und Verleger des Lorberschen Schrifttums. So übernahm er 1879 die Restbestände des Verlages in Dresden und ließ sie nach Stuttgart überführen. Darüber berichtet er rückblickend: „Der übernommene Rest des Verlages bestand aus rohen Bogen, die auf dem Speicher der Druckerei in Dresden lagerten und die nun in Stuttgart dem Buchbinder zur Ordnung und zum Teil zum einfachen Einbinden übergeben wurden. Indessen wurde der Verlagsrest geteilt und ein Teil nach Bietigheim überführt."[24] Zu diesem Restbestand nahm Landbeck noch die Schriften Mayerhofers hinzu. Im elterlichen Anwesen in Bietigheim betätigte er sich als Verleger und gab einzelne Bogen und kleinere Schriften heraus. Seinem Verlag gab er zunächst die Bezeichnung „Neotheosophischer Verlag", später jedoch, um eine Verwechslung mit der indischen Theosophie auszuschließen, den Namen „Neu-Salems-Verlag" – im Anschluß an die im „Großen Evangelium" erwähnten Freunde der „Neuoffenbarung", die „Neusalemiten"[25]. Ihm lag besonders die Betreuung der weit verstreut lebenden „Freunde des Neusalemslichts" am Herzen. Zusätzlich unternahm er viele Reisen zur Verbreitung der Lorberschriften. So berichtet sein unmittelbarer Nachfolger im Verlag Otto Zluhan: „Wegen einem Freunde der Schriften in Odessa und einem in Großliebendorf reiste er nach Bessarabien in Südrußland, wegen einem Freunde nach Konstantinopel. Er erblickte hier Möglichkeiten, das Neue Licht zu verpflanzen"[26]. Doch auch in seiner verlegerischen Tätigkeit blieb Landbeck weiterhin aktiv. Im Jahre 1885 begann er mit der Neuauflage des Hauptwerkes „Johannes, das große Evangelium". Es erschien jetzt in einer zehnbändigen Ausgabe und erstmals in Kapitel unterteilt. Mit der Unterstützung eines kleinen Personenkreises, zu dem auch die durch Kerner bekannt gewordene „Seherin von Prevorst" Friederike Hauffe sowie Johanna Ladner, ebenfalls eine Empfängerin des „inneren Wortes" und Schreiberin der „Vaterbriefe", gehörten, konnte die zehnbändige Ausgabe 1891 vollständig erscheinen.

Im Jahre 1908 stellte Landbeck den damals achtzehnjährigen *Otto Zluhan* als Verlagsgehilfen ein. Während dieser Zeit ging bereits (bis 1912) die dritte Auflage des Lorberschen „Großen Evangeliums" bei Karl Rohm, einem Swedenborg- und Lorber-Freund, in Lorch (Ostalb) in Druck. Diesmal wurden die Kapitel mit Versen und Ziffern – ähnlich dem Bibeldruck – versehen, um sie „besser zitieren zu können". Finanzielle Mittel steuerte hierfür der Oberkriegsrat Paul Selle bei, der für das „Neusalemslicht" die Werbebroschüren „Das alte Licht" und „Der Wegweiser ins Neue Licht" verfaßt hatte. Der Erste Weltkrieg unterbrach jäh den eben erst neu begonnenen Neudruck der „Jugendgeschichte Jesu". Dennoch konnte das Werk 1916 fertiggestellt werden. Im selben Jahr mußte Otto Zluhan an die Front. Seine

Braut und spätere Ehefrau Hedwig Zluhan wurde während dieser Zeit Mitarbeiterin im Verlag.

Nach dem Ende des Krieges zeigten sich im Verlag neue Aktivitäten. Kaum aus dem Krieg zurückgekehrt, konnte Zluhan Landbeck zur Gründung einer Verlagszeitschrift mit dem Titel „Das Wort – Monatsschrift für christliche Erneuerung" bewegen. Sie erschien erstmals 1920. Die Schriftleitung hatte der im Jahr zuvor in den Verlag eingetretene frühere Theologiestudent Walter Patenge inne.

Für die Zukunft des Neu-Salems-Verlages hatte Landbeck vorgesorgt. Er schloß am 1. September 1920 mit seinen vier Mitarbeitern (seiner Pflegetochter Emma Schmitt, Hedwig und Otto Zluhan sowie Walter Patenge) einen Gesellschaftsvertrag. Sie wurden dadurch zu seinen Erben und Rechtsnachfolgern. Damit gab sich in der Frühzeit der Weimarer Republik erstmals eine, wenngleich kleine, für die Folgezeit wichtige Organisationsform der „Freunde des Neusalem-Lichts" zu erkennen. Zugleich war dadurch, was die Drucklegung und Verbreitung der Lorberschriften betraf, die Zukunft gesichert. Der neue demokratische Staat bot hierfür den Schutz aufgrund seiner weltanschaulichen Neutralität, wovon auch die Neu-Salems-Freunde in ihren Aktivitäten profitieren konnten.

4. Otto Zluhan (1890-1983)

Unter Zluhans Federführung nahm die Wirksamkeit zur Verbreitung der Lorber-Schriften deutlich zu. Ein Jahr nach dem Tod von „Vater Landbeck" im Jahr 1921 wurde eine eigene Buchbinderei eingerichtet. Ab diesem Zeitpunkt erschien die vierte Auflage des „Großen Evangeliums Johannes", herausgegeben von Otto Zluhan, der die Nachfolge als Lorber-Verleger angetreten hatte.

Doch erst diese Ausgabe – so versichern es die Editoren einer späteren Auflage – basierte „auf der Urschrift, das heißt auf dem Originalmanuskript von Jakob Lorber, das auf bisher ungeklärte Weise nach Mediasch in Siebenbürgen gelangt war, von wo aus es der damals schon hochbetagte ‚Vater Landbeck' noch knapp vor seinem Heimgang persönlich nach Bietigheim ‚heimgeholt' hat"[27]. Deswegen mußte die Neuausgabe gründlich redigiert werden – ein Indiz dafür, daß die für die früheren Drucke verwendeten Abschriften nicht besonders zuverlässig sein konnten.

Die Überarbeitung erfolgte nun über mehrere Jahre hinweg durch einen Mitarbeiterkreis, der – wie Jahrzehnte später bescheinigt werden wird – dies „überaus gründlich, gewissenhaft und verantwortungsbewußt durchgeführt hat"[28]. In die Zeit der Drucklegung der vierten Auflage fiel die Inflation. Die Herausgabe des umfangreichen Werkes verschlang Riesensummen, die jedoch durch den Bücherversand ins Ausland (zumeist in die USA) sowie durch Spenden von Gesinnungsfreunden aufgebracht werden konnten. In den folgenden Jahren zeichnete sich ein deutlicher Aufschwung für den Verlag ab. Ein Neubau in der Hindenburgstraße wurde errichtet, in dem die ganze Verlagsanstalt untergebracht werden konnte.

Auch für die Verbreitung der Lorberschriften wurden neue Schritte unternommen. 1924 wurde die Neusalems-Gesellschaft e.V. verlagsintern gegründet. Damit zeichnete sich für die organisatorische Struktur der Lorber-Bewegung ein weiteres Merkmal ab. Erstmals wurde der wachsenden Zahl von „Neuoffenbarungsanhängern" eine organisatorische Basis in Form einer juristischen Körperschaft gegeben[29]. Der Verlag und die Gesellschaft waren eng aufeinander bezogen und in der Person Zluhans aneinander gebunden.

1927 trat *Dr. Walter Lutz* für den aus dem Verlag ausscheidenden Walter Patenge an die Stelle des Schriftleiters der Zeitschrift „Das Wort". Jahrelange Streitereien zwischen Zluhan und Patenge führten zu dessen Ausscheiden aus dem Verlag und der Gesellschaft[30].

Lutz führte den „Lorber-Abreißkalender" ein, ein neben der Zeitschrift wichtiges Werbemittel für die Werke Lorbers. – 1931 bzw. 1935/36 veröffentlichte der Verlag die „Briefe Jakob Lorbers. Urkunden und Bilder aus seinem Leben" und „Das geistige Tagebuch", die „Himmelsgaben". Alle überlieferten Manuskripte Lorbers waren hiermit veröffentlicht. Über eine besondere Aktivität kann Fincke berichten: „In Zwickau, Werdauerstr. 38A, konnte am 15. März 1933 ein ‚Neu-Salems-Obdachlosenheim' eröffnet werden. Geleitet wurde das Haus von Willi Knoefeldt. Es wurden täglich etwa 60 bis 80 warme Mahlzeiten ausgeteilt und etwa 50 Betten bereitgestellt."[31]

Das Aufkommen des Nationalsozialismus wurde 1933, wie auch sonst in Deutschland, von der Neusalems-Gesellschaft mit Euphorie begrüßt[32]. Hitler wurde mit Zitaten der „Neuoffenbarung" als „Friedensmensch" bezeichnet. Seine Pläne und Ziele sah man in „weitgehendster Übereinstimmung" mit Lorbers Kundgaben. Dennoch kam es bei einzelnen Veranstaltungen der Neu-Salems-Freunde zu Problemen mit der Geheimen Staatspolizei, die die Versammlungen häufiger störte. Einmal wurde Georg Riehle, selbst ein „Träger des inneren Wortes", einem Verhör unterzogen. Andere Lorber-Freunde in Schlesien und Sachsen wurden vernommen. In Chemnitz untersagten die neuen Machthaber eine Versammlung der Lorber-Freunde. Am 10. Mai 1937 verbot der damalige „Reichsführer der SS" und Chef der „Geheimen Staatspolizei" Heinrich Himmler die Zeitschrift „Das Wort" sowie die Neusalems-Gesellschaft. Sämtliche Vermögenswerte wurden beschlagnahmt, die Verlagsräume versiegelt, die Kartothek mit dem gesamten Adressenmaterial konfisziert. Otto Zluhan brachte man für einige Zeit in das Konzentrationslager Welzheim. Durch die Versiegelung entging das Schrifttum seiner Vernichtung.

Nach seiner Entlassung aus dem Konzentrationslager konnte Zluhan mit Hilfe von Schweizer „Neusalemiten" in Zürich weiterwirken[33]. So erschien im Jahre 1940 eine 32seitige „Festschrift zum 100. Jahrestage der Gottesbotschaft durch Jakob Lorber 1840-1940" unter dem Titel „Es werde Licht!". „Freunde des Neuen Wortes" gaben sie im Verlag des Godi Stöcklein heraus. Die Schrift bezifferte die Zahl der Schweizer Lorber-Freunde auf über 1000. Doch auch unter ihnen mußte es wohl zu Spannungen gekommen sein, wie sich dieser Broschüre entnehmen läßt. Von „ehrgeizigen, geltungssüchtigen und falschen Propheten" in den eigenen Reihen ist da die Rede. Der interimistische Lorber-Verlag in Zürich, dem auch eine Leihbibliothek angegliedert war, vertrieb während des Zweiten Weltkrieges die Werke Lorbers und anderer „Träger des inneren Wortes". Nähere Auskünfte über den Transfer der Produktionsstätte für die Lorber-Werke von Bietigheim nach Zürich werden allerdings nicht gegeben.

Nach dem Krieg nahm Zluhan seine Verlegertätigkeit im württembergischen Bietigheim wieder auf. Zunächst benannte er seinen Verlag um. Als Grund führte er nachträglich hierfür an: „Durch die Begründung des Verlagsverbotes hatte ich erfahren, daß die Bezeichnung ‚Neu-salem' u. a. mit recht unseriösen Aktivitäten in Verbindung gebracht wurde und damit in Verruf gekommen war. Deshalb beschloß ich anläßlich der Wiederaufnahme meiner Verlagstätigkeit die Umbennung in *Lorber-Verlag*."[34] Das Geschäft mit den Neuoffenbarungsschriften begann allmählich zu florieren. Mit Erlaubnis der amerikanischen Militärregierung konnte die Zeitschrift „Das Wort" wieder regelmäßig erscheinen. Viele Neuauflagen von zuvor vergriffenen Lorber-Werken konnten gedruckt werden.

Da das gesamte Adressenmaterial der Lorber-Freunde von den Nationalsozialisten konfisziert worden war, mußte man im Verlag darauf warten, daß sich die „Freunde der Neuoffenbarung" in der Bietigheimer Zentrale meldeten. 1946 begann man mit dem Buchversand. Die Bestellungen der Lorber-Schriften nahmen in diesen Jahren in großem Maße zu. Dennoch ist mit Fincke[35] festzustellen, daß der Krieg für die missionarischen Aktivitäten eine enorme Zäsur bedeutete, was sich auch auf die Zahl der Lorber-Kreise auswirken mußte: Waren im Jahre 1937 etwa 80 bis 100 verschiedene Versammlungsorte genannt, so gab es jetzt nur noch etwa zwei Dutzend. Durch die Neugründung der *Lorber-Gesellschaft e.V.* im Jahre 1948 wurde jedoch wieder eine Neubelebung des „geistigen Lebens" unter den Lorber-Freunden erreicht.

Ein Jahr später konnte der Lorber-Verlag weiter expandieren: Er übernahm die artverwandte Produktion des Turm-Verlages, zudem wurde ihm eine Versandbuchhandlung angegliedert. So konnte im Jahre 1960 der Sohn des Verlagsinhabers, *Friedrich Zluhan*, stolz verkünden: „Inzwischen hat das Lorberschrifttum schon eine Auflage von über einer Million Bänden erlebt."[36]

V. Die Lorber-Bewegung heute

Stand in der Wirkungsgeschichte der „Neuoffenbarung" Lorbers am Anfang das Wirken einzelner Männer mit verschiedenen Aktivitäten der Drucklegung und Verbreitung im Vordergrund, so zeigten sich ab der Hälfte des 20. Jahrhunderts breit angelegte Maßnahmen innerhalb der deutlich an Konturen gewinnenden *Lorber-Bewegung.* Zunächst konzentrierte sich alles auf die Bietigheimer Zentrale, auf den Verlag und die Gesellschaft. Sie schienen zunächst untrennbar miteinander verbunden. Doch ab den achtziger Jahren war die Lorber-Bewegung einer ernsthaften Belastungsprobe ausgesetzt, als es zu Differenzen zwischen dem Verlag und einzelnen Mitgliedern der Lorber-Gesellschaft kam. Damit erfuhr diese Neuoffenbarungsgruppe intern ein neues organisatorisches Gepräge. Drei „Säulen" innerhalb der Lorber-Bewegung lassen sich seither erkennen: der Verlag, die Gesellschaft und die Lorber-Kreise. Sie sollen nun mit ihren vielfältigen Aktivitäten zur Verbreitung des Lorberschen Schrifttums dargestellt und analysiert werden.

Zugleich muß an dieser Stelle vorausgeschickt werden, daß es auch „Lorber-Individualisten" gibt, die sich nicht einem Kreis anschließen möchten und die Lektüre für sich betreiben. Dazu zählen beispielsweise solche, die das Lorbersche Schrifttum gelegentlich zu Rate ziehen, deren „geistige Heimat" eher in esoterisch-lebensreformerischen Bereichen oder generell im Spiritismus angesiedelt ist. Die Übergänge sind hier sicherlich fließend.

1. Der Lorber-Verlag in Bietigheim

Im Jahr 1970 übergab der damals 80jährige Otto Zluhan sein Verlagsunternehmen, zu dem auch der Rohm-Verlag hinzugekommen war, seinen beiden Söhnen. Friedrich erhielt den Verlag, sein Bruder Otto die Buchdruckerei mit der Buchbinderei. Im Jahre 1978 wurde das neue Verlagsgebäude in der Hindenburgstraße bezogen. Wie der Verlag im Jahr 1982 mitteilte, sind etwa 60000 Adressen von Direktkunden in der EDV-Anlage gespeichert[1].

Im Verlagsprogramm werden neben den Lorber-Werken auch Bücher aus den Bereichen Mystik, Parapsychologie, Esoterik und Homöopathie angeboten. Für „natürliche Heilweisen" wird ein Nadelapparat vertrieben. Zahlreiche Sonderprospekte können, wie es dort heißt, auf Wunsch angefordert werden. Das Angebot umfaßt „*Ein Mann hört eine Stimme – Christliche Prophetie für unsere Zeit*" (Lorber-Bücherei; Werke der „Neuoffenbarer" Mayerhofer, Engel, Riehle, Ida Kling, Max Seltmann, Johannes Fischedick, Johannes Widmann), ein „*Swedenborg-Prospekt*" (seit 1960 ist der Lorber-Verlag für die Auslieferung des Züricher Swedenborg-Verlages für die Bundesrepublik zuständig.), *Bildwerke* der Prinzessin Gisela zu Wied, *Mysterienweisheit im Volksmärchen* und *Astrologie*.

Im Programm der Verlagsgemeinschaft, die nunmehr drei Verlage (Rohm-, Turm- und Lorber-Verlag) in sich vereint, werden ebenfalls verlagsfremde Produktionen angeboten, die aber auch dem weiten Feld der „Neuoffenbarung", dem mystischen Spiritualismus und neuer Religiosität zuzurechnen sind. Das Spektrum ist breit angelegt. So lassen sich Bücher über das Trance-Medium *Edgar Cayce* ebenso finden wie das von der medial veranlagten *Dorothy Maclean* „Du kannst mit Engeln sprechen", der Mitbegründerin der New-Age-Kommunität in Findhorn, Schottland.

Neben den „Neuoffenbarungsschriften" Lorbers führt die Verlagsgemeinschaft F. Zluhan „Einführungswerke" im Programm, so z. B. das Buch von Rainer Uhlmann „So sprach Gott zu mir" sowie das zweibändige Werk von Franz Deml „Das ewige Evangelium des Geistzeitalters. Theologie der Zukunft auf prophetischer Grundlage".

2. Die Aktivitäten des Lorber-Verlages

Vorrangiges Ziel des jetzigen Verlagsinhabers Friedrich Zluhan ist dasselbe wie das seiner Vorgänger: die Verbreitung und Drucklegung der Lorber-Schriften, deren Originalmanuskripte größtenteils noch erhalten geblieben sind. Sie werden in einem Panzerschrank im Bietigheimer Verlagshaus aufbewahrt. Ein Einführungbuch in die „Neuoffenbarung" Lorbers wurde in der Vergangenheit gezielt gefördert. Darüber soll im folgenden berichtet werden.

a) Förderung des Buches von Kurt Eggenstein

In den Jahren von 1973 bis 1982 führte der Lorber-Verlag das Buch von Kurt Eggenstein „Der Prophet Jakob Lorber verkündet bevorstehende Katastrophen und das wahre Christentum" in vierfacher Auflage in seinem Programm. Es sollte, so die Intention des Verlegers, für das „Neuoffenbarungswerk" werben und auf seine aktuelle Bedeutung hinweisen.

Auch der sogenannte „kleine Eggenstein", das Büchlein „Der unbekannte Prophet Jakob Lorber", eine Art Kurzfassung des umfangreicheren Bandes, hatte dieselbe Funktion. Es sollte eine kurze und zugleich umfassende Einführung in das sehr umfangreiche Schrifttum Lorbers geben.

Beide Werke, die im In- und Ausland erschienen waren, wurden 50000 mal verkauft[2]. Damit steigerte sich auch der Umsatz der Lorber-Bücher beim Verlag von DM 50.000. – auf DM 400.000 im Jahr. Seitdem flossen auch die Spendengelder reichlicher. Im Jahr 1982 kam es jedoch zu einer Meinungsverschiedenheit zwischen dem Buchautor Eggenstein und seinem Verleger. Zluhan verweigerte dem Lorber-Propagandisten Eggenstein, der in Wirklichkeit *Wilhelm Kirchgässer* heißt, eine fünfte Auflage seines größeren Werkes, da der Autor der Forderung, „das *gesamte* Kapitel über die katholische Kirche mit allen Zitaten aus der Neuoffenbarung"[3] zu streichen, nicht nachgekommen war. Eggenstein fand jedoch Unterstützung bei der Lorber-Gesellschaft, der er selbst als Mitglied angehörte. So konnte die fünfte Auflage dann im Verlag des Lorber-Freundes Waldemar Proske in Köln erscheinen[4] – allerdings für nur kurze Zeit.

Durch den Verlagswechsel Eggensteins verlor der Lorber-Verlag aus seinem Sortiment zwar ein schlagkräftiges und werbewirksames Buch für die „Neuoffenbarung" Lorbers, doch letztendlich profitiert er von diesem Werk immer noch – wenngleich indirekt; denn die Intention des knapp 500 Seiten umfassenden Buches ist dieselbe geblieben: Werbung für das Lorbersche Schrifttum, das allein der Bietigheimer Verlag vertreibt. Dieser Vorfall konnte nicht ohne Folgen für das offenbar bislang ungetrübte Verhältnis von Verlag und Gesellschaft bleiben.

b) „Jakob-Lorber-Förderungswerk e.V."

Der Verlag erhielt in der Vergangenheit immer wieder Spendengelder von Lorber-Freunden für die Verbreitung des Lorber-Werkes im In- und Ausland. Zunächst hatte man in der Vergangenheit zur Verwaltung des Geldes einen eigenen „Verlagsbeirat" (Mitglieder: Vigo Thiessen, Hertha E. Sponder, Lore Busch, Rainer Uhlmann und Franz Deml) ins Leben gerufen. Er überwachte die eingehenden Spenden und deren Verwendung, über die er zusammen mit der Verlagsleitung entschied. Da, wie es in einer Verlagsmitteilung hieß, „die Spenden steuerlich nicht absetzbar waren"[5], wurde im Jahr 1987 das *„Jakob- Lorber-Förderungswerk e.V."* ins Leben gerufen, dem F. Zluhan, seine Tochter Angela Zluhan-Radel und Vigo Thiessen nunmehr angehören.

Die von den Lorber-Freunden bereitwillig aufgebrachten Gelder werden in den „Mitteilungen des Lorber-Verlages und des Jakob-Lorber-Förderungswerkes" regelmäßig als Beilage zu den Einzelnummern der Hauszeitschrift „Das Wort" veröffentlicht. Die Geldbeträge werden einzeln aufgeführt, wobei vom Spender lediglich der Anfangsbuchstabe seines Familiennamens und seines Wohnortes genannt wird (z.B. R in M 100.-).

Die eingehenden Spenden werden zweckbestimmt aufgeführt und kommen den Übersetzungsarbeiten der Lorber-Schriften, der Verlagszeitschrift „Das Wort", Buchgeschenken an Gefängnisbüchereien und Bibliotheken, Fortbildungsseminaren sowie „bedürftigen Freunden" zugute. Die Spenden belaufen sich auf eine jährliche Gesamtsumme von über eine Million Mark[6]. Mit den recht ansehnlichen Geldbeträgen konnten in der Vergangenheit viele fremdsprachige Lorber-Werke gefördert und verbreitet werden. Englische, französische, finnische, spanische, niederländische und italienische Übersetzungen sind bereits erschienen. Fieberhaft arbeitet man nun seit den Veränderungen in Osteuropa an den entsprechenden Ausgaben, um dort neue „Geistesgeschwister" zu finden. Ende 1991 gab ein kurzer Bericht über die grundlegenden Ziele und Aktivitäten des „Förderungswerkes" Auskunft. Die Arbeit konzentrierte sich besonders auf:

– „die kostenlose Vergabe von Blindenbüchern (,Jesus-Worte', ,Briefwechsel Jesu mit Abgarus' und ,Die drei Tage im Tempel') in Braille-Schrift an Blinde und Blindenbüchereien,

– die Werbung und Bekanntmachung des Lorberwerkes durch Werbeschriften wie Prospekte, Themenhefte, Lorber-Lesebogen und -Lesezeichen, durch Anzeigen in Zeitschriften sowie durch Vorträge und die Präsenz auf Messen und Ausstellungen ...

– die Kontaktpflege mit den Lorberfreunden und -kreisen durch Seminare und die Lorber-Jahrestagung in Bietigheim ...

– Buchspenden an interessierte Bibliotheken sowie an Gefängnisse, Vereine und Krankenhäuser und an bedürftige Lorberfreunde im In- und Ausland"[7].

Durch die Hilfe eines „ungenannten Förderers" wurde es möglich, den „Briefwechsel Jesu mit Abgarus Ukkama von Edessa" in neunter Auflage in insgesamt 30.000 Exemplaren „den Lorberfreunden zum Verteilen an religiös aufgeschlossene Menschen kostenlos zur Verfügung"[8] zu stellen.

c) Ausländische Aktivitäten des Lorber-Verlages

Für die Aktivitäten in Belgien und in den Niederlanden wurde am 18. Dezember 1985 eigens die *Jakob Lorber Stichting* im holländischen Warnsveld ins Leben gerufen. Dem Vorstand gehören seitdem die Vertreter der Bietigheimer Zentrale F. Zluhan und V. Thiessen sowie von holländischer Seite Jan E. Bos, seine Frau Vera Bos-Brockhuis (Warnsveld) und Frau Waal (Haarlem) an. Sie hat sich vor allem die Übersetzungsarbeit der Lorber-Schriften und ihren Vertrieb zum Ziel gesetzt. In den USA wurde zur Verbreitung der Lorber-Schriften in englischer Sprache die *Divine Word Foundation* ins Leben gerufen. Sie wurde im Jahre 1962 von *Dr. Hans Nordewin von Koerber* (1886-1979), einem emeritierten Professor für Asiatische Studien an der Universitiy of Southern California, gegründet. Nach amerikanischen Angaben[9] studieren etwa 200 einzelne Anhänger in den USA, weitere 100 weltweit die Bücher, die die Foundation herausgibt. Einzelne Studienkreise finden sich in San Diego, im kalifornischen Newark, in Denver Colorado und Salt Lake City/Utah. Am Hauptsitz in Warner Springs, Kalifornien, gäbe es etwa 60 Mitglieder. In jüngster Zeit finden mit Anhängern anderer „Neuoffenbarungen" überregionale Treffen statt[10]. Einem Mitteilungsblatt des Lorber-Verlages von 1988 läßt sich entnehmen, daß die Foundation zwischenzeitlich ihren Sitz in das kalifornische Fremont verlegt hatte. Seit 1989 befindet sich ihr offizieller Sitz in Süd-Oregon.

Nach dem Tod des Gründerehepaares Koerber in den Jahren 1979 bzw. 1987 hat nun das Ehepaar Jewell und Edmund Spitzer die Leitung dieser „Non Profit Organisation" (so die Selbstcharakterisierung) übernommen – mit dem Ziel, auch weiterhin die „Neuoffenbarung" unter englischsprechenden Menschen zu verbreiten. In einem Bericht heißt es, daß sie auch Treffen durchführt und besonders mit dem Vertrieb der englischsprachigen Lorber-Bücher befaßt ist: „So sind Listen zusammengestellt worden zum Anbieten von: 8 Broschüren, 36 Büchlein und Schriften im Format von etwa 13 × 21 cm Größe und 20-90 Seiten stark, 13 Bücher, 134 kurze Übersetzungen von 2-8 Seiten mit etwa 210 verschiedenen Themen, die auch durch eine dafür erstellte Wortkonkordanz zum Beantworten verschiedener Fragen sehr geeignet sind. Die Funktion der Divine Word Foundation wird durch einen kleinen Kreis von begeisterten Mitarbeitern besorgt, die in Australien, Kalifornia, Florida, Idaho, Oregon, Utah und Kanada leben und die das Übersetzen, Tippen, Korrekturlesen und Herstellen von neuen kleineren Übersetzungen bzw. Büchlein besorgen und in der Lage sind, die Herstellung kleinerer Informationsschriften zu übernehmen."[11] Aus den Verlagsmitteilungen geht hervor, daß das Jakob-Lorber-Förderungswerk beide Organisationen finanziell massiv unterstützt und auch bei den Lorber-Freunden für die ausländischen „Geistesgeschwister" um Spenden für diesen „missionarischen Dienst" bittet.

Insgesamt wählt damit der Lorber-Verlag – im Gegensatz zu Eggenstein, der mit seinem reißerischen Buchtitel einen anderen Werbestil pflegt – einen eher gemäßigten Weg zur Verbreitung der Lorber-Schriften: „Es kommt wahrhaftig nicht auf Massenbekehrung und Werbefeldzüge an, sondern darauf, daß das Wort des Herrn angeboten wird, an möglichst vielen Orten und in möglichst vielen Sprachen."[12] So belieferte der Verlag im Jahre 1985 in der Bundesrepublik 616 verschiedene Büchereien öffentlichen Charakters mit den Hauptwerken Lorbers, zusätzlich erhielten 142 nichtöffentliche Bibliotheken (darunter auch kirchliche und theologische Fachbibliotheken) im In- und Ausland „Büchergeschenke" aus Bietigheim.

In *Australien* wurden englische Übersetzungen von Lorbers „Leben und Lehre Jesu" (einer Kurzfassung des „Großen Evangeliums") durch die Vermittlung eines Lorber-Freundes an 600 öffentliche Büchereien versandt. Auch nach *Holland* und in das ehemalige *Jugoslawien* wurden „Neuoffenbarungs-Bücher" gezielt verschickt[13].

d) Die Zeitschrift „Das Wort"

Auf Initiative der beiden Verlagsmitarbeiter *Otto Zluhan* und *Walter Patenge* erschien, wenngleich in einer wirtschaftlich unsicheren Zeit, im Jahre 1921 die erste Ausgabe der Monatsschrift „*Das Wort – Zeitschrift für Freunde des Neuen Lichts*". Zunächst war das erste Heft von seinem Umfang mit 16 Seiten recht bescheiden. Vorerst sollten alle zwei Monate weitere Nummern folgen. Über das Ziel der neugegründeten Zeitschrift gibt die Erstausgabe Auskunft: „,Das Wort' ... will zunächst ein Austauschorgan sein für die Freunde der Neuoffenbarungen. Als Bote möchte es die Offenbarungen, Erfahrungen und Erlebnisse der einzelnen Freunde allen vermitteln und so zur Befruchtung der freien Entwicklung und persönlichen Entfaltung jedes einzelnen beitragen. In Verbindung hiermit dient die Zeitschrift der Verbreitung der Neuoffenbarungsschriften. Weiterhin erstreben wir angesichts der schweren gegenwärtigen und noch bevorstehenden Ereignisse eine engere Fühlungnahme der Leser untereinander, – eine Fühlungnahme, die nicht durch äußere verstandliche (sic!) Mittel, z. B. straffe Organisation, herbeigeführt werden soll, sondern die allein getragen sein soll von der Kraft und dem Geiste der Liebe ..."[14] Anfangs hatte Walter Patenge die Schriftleitung inne, später dann, nach seinem Ausscheiden, der bisherige freie Mitarbeiter *Dr. Walter Lutz*. Hatte die Auflagenhöhe der Zeitschrift im Jahr 1933 noch etwa 8000 Exemplare betragen, so sank sie bei ihrem Wiedererscheinen auf 6000, im Jahr 1960 gar auf 3000 Stück. Derzeit dürfte ihre Auflagenhöhe bei etwa 2500 liegen[15]. Seit 1948 hat die Schriftleitung Friedrich Zluhan inne, der sich ganz auf der Linie seines Vaters bewegt.

Immer wieder werden in der Zeitschrift Originaltexte Lorbers in thematischer Anordnung publiziert. In der Vergangenheit[16] bot sie ein Ausspracheforum für interne Diskussionen unter den Lorber-Freunden, teilweise aber auch den Ort zur Apologetik gegenüber anderen „neuen Offenbarungen" oder gegenüber kirchlicher Kritik.

„Das Wort" führt den Untertitel „*Zeitschrift für ein vertieftes Christentum*" und erscheint zweimonatlich. Ein Jahresabonnement kostet (Stand 1993) DM 26,-. Das Einzelheft, das etwa 50-60 Seiten umfaßt, enthält neben Bibelzitaten, Gedichten und Aphorismen Auszüge aus Lorber-Werken, teilweise aber auch aus „Offenbarungsschriften" der von der Schriftleitung anerkannten „Träger des inneren Wortes", *Gottfried Mayerhofer, Leopold Engel und Georg Riehle.*

Die einzelnen Artikel einer bewährten und festen Zahl freier Mitarbeiter befassen sich immer wieder mit der Rolle des „Schreibknechtes" Lorber. Ausgehend von der Gültigkeit, Autorität und Universalität der „Neuoffenbarung" wird der Versuch unternommen, in der Reflexion aktueller Entwicklungen in Naturwissenschaft, Technik und Religion, aber auch in der Auseinandersetzung mit der Moderne die Aussagen des „göttlichen Wortes" zu bestätigen und in seinem Anspruch zu untermauern. Häufig werden relevante Artikel aus früheren und nicht mehr zugänglichen Heften wahlweise abgedruckt. Fragen von Lorber-Freunden zu bestimmten Themen werden in einer eigenen Rubrik von dem Verlagsmitarbeiter und „Wort"-Autor Wilfried Schlätz oder von der Ehefrau Zluhans aus der Sicht der Lorber-Schriften beantwortet. Die Schriftleitung greift auf eine bewährte Zahl von Autoren zurück, deren Bücher auch im Bietigheimer Verlagsprogramm (*U. Pesch, F. Deml, R. Uhlmann*) zu finden sind. Inserate des Lorber-Verlages und redaktionelle Interna (Leserstimmen, Nachrufe über verstorbene Lorber-Freunde) runden das Einzelexemplar meist ab.

Seit 1981, dem Gründungsjahr der kostenlosen Zeitschrift „*Geistiges Leben*" der Lorber-Gesellschaft, dürfte dem „Wort" eine Konkurrenzsituation erwachsen sein. Denn dort finden nun die internen Diskussionen unter den Lorber-Freunden statt. Damit hat sich die Frage des Einflusses im Hinblick auf die Informationsübermittlung und damit auch der geistigen Prägung innerhalb der Lorber-Bewegung zugunsten der Lorber-Gesellschaft entschieden. – „Das Wort" enthielt in seinen Jahrgängen vor 1980 ein beigelegtes „Mitteilungsblatt der Lorber-Gesellschaft". Seit den internen Differenzen zwischen Verlag und Gesellschaft und seit dem Bestehen des „Geistigen Lebens" ist dies nicht mehr der Fall. Deswegen lassen sich nur noch ganz selten Informationen und Mitteilungen aus den Lorber-Kreisen finden. Regelmäßig erscheinen im „Wort"-Heft, meist in der Oktober-Ausgabe, die während der alljährlich stattfindenden Sommertagung der Lorber-Freunde in Bietigheim gehaltenen Vorträge und Andachten.

Als Beilage finden sich die „*Mitteilungen des Lorber Verlages und des Jakob-Lorber-Förderungswerkes e.V.*". Sie informieren über neuere Aktivitäten zu Verbreitung der „Neuoffenbarung". Neben den Übersetzungsarbeiten und bereits erwähnten Geschenkaktionen von Lorber-Literatur ist seit kurzem eine verstärkte Wirksamkeit auf dem Feld der Homöopathie zu verzeichnen.

e) Produktion von Sonnenheilmitteln: Sonnenlicht e.V.[17]

In jüngster Zeit engagiert sich der Lorber-Verlag in der Herstellungsweise der bei Lorber detailliert beschriebenen „Sonnenheilmitteln". In der Lorber-Kundgabe *„Die Heilkraft des Sonnenlichtes"*, die mittlerweile in der fünften Auflage vorliegt, übermittelt der Lorbersche Jesus wichtige Hinweise über die Heilkraft der Sonne. Damit sich beim Menschen eine entsprechende Wirkkraft zeigt, wird folgendes gefordert: „Vor allem gehört – besonders von seiten des Helfers – *ein uneigennütziger, guter Wille und fester Glaube* dazu, um mit solcher Meiner ihm geoffenbarten Gnade einem Leidenden in der Kraft Meines Namens zu helfen; denn von dem Leidenden läßt sich nicht immer ein voller Glaube erwarten. Ist aber aber auch der Leidende vollgläubig, so wird das Heilmittel desto sicherer und frühzeitiger die Wirkung bewähren."[18] Im einzelnen werden Ratschäge zur Herstellung von „Sonnenheilmitteln" gegeben, deren Wirkung aber erst in Zusammenhang mit einer Diät zur vollen Entfaltung gelangt. Bei genauer Beachtung der „Ratschläge" scheint ein Heilungserfolg garantiert zu sein. So verheißt der Jesus der „Neuoffenbarung": „So könnt ihr damit jede Krankheit, welcher Art und welchen Namens sie auch sei (!), sicher heilen. Selbst äußere Beschädigungen des Leibes können so bei rechter Handhabung dieses Medikamentes am ehesten geheilt werden."[19] Nach den Einzelanweisungen der Lorber-Kundgaben begann der Schweizer Heilpraktiker und Lorber-Freund *Yves Kraushaar* im Sommer 1984 mit der Herstellung von Sonnenkügelchen (ein angebliches „Universalmittel"). Dabei wurden Milchzuckerkügelchen zur Sonnenbestrahlung auf der Baleareninsel Menorca ausgesetzt. Es entstand eine Vielzahl sonnenbestrahlter Sonnenheilmittel, die gegen Geschwulste, Rheuma und Gicht helfen und auch gegen Zahnkaries vorbeugen sollten. Zunächst half der Lorber-Verlag bei der Finanzierung des kostspieligen Projekts, bat aber später bei den Lorber-Freunden um Unterstützung:

„– durch unentgeltliche, praktische Hilfe (z. B. Transporte, Mithilfe bei der Produktion etc.)

– durch Vermittlung von interessierten Ärzten oder Kliniken etc.

– durch finanzielle Unterstützung. (Das Geld wird vom Lorber-Verlag bzw. dessen Beirat verwaltet.)

– durch kostenloses oder günstiges zur Verfügung stellen (sic!) von geeigneten Gebäulichkeiten mit großer Ausstellungsfläche wie

Dachterrasse oder Vorplatz in Israel, Lanzarote, Balearen, Griechenland, Malta, Nordafrika-Mittelmeerküste"[20].

1985 versandte der Lorber-Verlag mit finanzieller Unterstützung von Lorber-Freunden diese produzierten Sonnenkügelchen an 45 Ärzte und Heilpraktiker in Deutschland, in der Schweiz und in Holland[21]. Auch die Gründung der Firma *MIRON e.V.* (durch Yves Kraushaar und seiner Ehefrau) rückte mehr den medikamentösen Charakter dieser produzierten Mittel in den Vordergrund[22]. In diesem Zusammenhang wurden vielfach jährliche kostenlose Sonnenheilmittel-Kurse angeboten. Kraushaar, der in der Vergangenheit mit Vorträgen im New Age-Spektrum in Erscheinung getreten ist[23], scheint aber mit seinen Aktivitäten nicht den erwarteten Anklang gefunden zu haben. Denn 1992 war in den Mitteilungen des Lorber-Verlages zu lesen, daß von Lorber-Freunden ein eigener Verein „*Sonnenlicht e.V.*" gegründet worden sei[24], der die in der „Neuoffenbarung" Lorbers beschriebenen Sonnenheilmittel besser vertreiben solle. Wie es nun heißt, handle es sich eigentlich nicht um Medikamente, sondern um ein „besonderes Stärkungsmittel für die Seele", das dazu verhelfen soll, „Konflikte zu überwinden und den Glauben und das Vertrauen an Jesus zu bestärken". Geplant ist, in ganz Deutschland „Depotstellen" einzurichten, deren Inhaber für die zukünftige Arbeit kostenlos geschult würden. Ein für die Bundesrepublik flächendeckendes Netz ist geplant. Der Verein „*Sonnenlicht e.V. – Heilwerden durch den Glauben an Jesus Christus*" gab sich am 29. Februar 1992 in der Gründungsversammlung eine eigene Satzung. Daraus geht hervor, daß der derzeitige Vorsitzende *W. Schlätz* (Mitarbeiter im Lorber-Verlag), sein Stellvertreter *F. Zluhan* sowie der Kassenwart *P. Karl* (Rechtsanwalt, Nünberg) für den Verein verantwortlich zeichnen. Als Ziel des Vereins nennt die Satzung „die Verbreitung der Lehre Jesu Christi, wie sie uns mit der Bibel gegeben und durch das geoffenbarte Wort an Jakob Lorber verdeutlicht wurde, insbesondere soll das Wort Jesu Christi ‚Die Heilkraft des Sonnenlichtes' durch Jakob Lorber verbreitet und angewendet werden. Neben der Darstellung und Verdeutlichung der Grundprinzipien seiner Lehre ist es der maßgebliche Zweck des Vereins, den Menschen nahezubringen, daß nicht allein das Bekennen des Glaubens ausreichend sei, sondern daß jeder tatsächlich danach trachten müsse, sein Leben nach dem Glauben auszurichten und nach dem Wort Jesu Christi zu leben. In Vorträgen, Seminaren, Meditationen, Schriften und Schulungen werden Möglichkeiten aufgezeigt, wie jeder

Mensch täglich diesen Weg praktisch gehen könne. Die Herstellung und Abgabe der Sonnenheilmittel soll gemäß den Anweisungen Jesu Christi in ‚Heilkraft des Sonnenlichtes' durch Jakob Lorber zur Heilwerdung beitragen."[25] Geplant sind Vorträge und Schulungen, die auf der Grundlage von „Bibel *und* Lorbers Neuoffenbarung" durchgeführt werden sollen. Man möchte dabei einen möglichst großen Personenkreis ansprechen. Es soll dabei nicht nur um Theorie, sondern auch um die lebenspraktische Umsetzung der neuoffenbarten „Lehre Jesu Christi" gehen. Dabei ist insbesondere an Vorträge und Seminare über die Sonnenheilmittel gedacht. Eine Mitgliedschaft in dem Verein ist möglich. Sie wird wahrgenommen durch „die Leistung der Mitgliedsbeiträgen, Spendenzahlungen, die Übernahme bestimmter Aufgaben bei der Heilmittelproduktion und des Vertriebes, die Übernahme von Verwaltungsaufgaben, die Übernahme der Organisation für bestimmte Veranstaltungen u. ä."[26]. Die Mitgliedschaft in dem Verein wird durch die schriftliche Beitrittserklärung erworben. Bestimmte Mitgliedsbeiträge werden von der Mitgliederversammlung festgesetzt. Laut Satzung verfügt der Verein über einen dreiköpfigen Vorstand sowie eine Mitgliederversammlung. Bei der Herstellung der Sonnenheilmittel möchte man weiterhin mit dem Schweizer Verein MIRON (Sälistr. 26, CH-6005 Luzern) kooperieren.

Auffällig ist, daß auch der Lorber-Verlag in jüngster Zeit gerade im Bereich der alternativen Heilverfahren für die Kundgaben Lorbers werben und dabei, wie es scheint, Menschen ansprechen möchte, die offen sind für ganzheitliche Heilverfahren. Welche Rolle dieser Verein innerhalb der Lorber-Bewegung spielen wird, kann zu diesem Zeitpunkt noch nicht abgeschätzt werden. Es fällt jedoch auf, daß durch das Engagement zweier wichtiger Repräsentanten des Lorber-Verlages Ziele aufgegriffen werden, die bisher verstärkt von der Lorber-Gesellschaft wahrgenommen wurden (Vorträge, Rednerschulung, Verbreitung und Förderung der Lorber-Schriften). Ob hier möglicherweise ein „Konkurrenz-Verein" zur Gesellschaft ins Leben gerufen wurde? Dafür spräche einiges, nicht zuletzt das seit den letzten Jahren eher konfliktträchtige Verhältnis zwischen beiden Institutionen.

3. Die Lorber-Gesellschaft e. V. – Stationen ihrer wechselvollen Geschichte[27]

a) Die Anfänge

Am 23. Januar 1924 gründete Otto Zluhan, um das Lorber-Schrifttum besser verbreiten zu können, die *Neu-Salems-Gesellschaft*. Dem damals in Bietigheim eingetragenen Verein gehörte neben den damaligen Verlagsangehörigen auch der spätere Schriftleiter der Zeitschrift „Das Wort", Dr. Walter Lutz, an. Im gleichen Jahr wurde innerhalb der „Neusalems-Gesellschaft" eine *„Tatgemeinschaft"* mit dem Ziel gegründet, das „Neue Licht" in alle Welt auszubreiten und zu fördern. Aus einem Exemplar der Zeitschrift „Das Wort" des Jahres 1930 geht hervor[28], daß die damalige „Neusalems-Gesellschaft" Spenden von „Neusalems-Geschwistern" empfing, wobei die aufgebrachten Gelder für Neudrucke der Lorber-Werke, für die „Neusalems- Mission" (Vortagsreisen, Schriftenmission) und für die „stille Not" verwendet wurden. Schließlich wurde die Neusalems-Gesellschaft, der nunmehr auch Fritz Enke angehörte, am 10. Mai 1937 von den Nationalsozialisten verboten.

Nach dem Krieg sollte die Gesellschaft nochmals gegründet werden, allerdings unter einem anderen Namen. So trat am 15. März 1949 die von Otto Zluhan ins Leben gerufene *Lorber-Gesellschaft e.V. Bietigheim/Württemberg* als „gemeinnütziger, religiöser Verein" ihre Nachfolge an. Die Gründungsmitglieder damals waren: Otto und Friedrich Zluhan, Wilhelm Schippert (verst. 1980), Dr. Paul Lutz, und Dr. Mahlberg[29]. Über ihren Zweck gibt die damalige Vereinssatzung Auskunft: „Der Verein hat die Aufgabe, die Neuoffenbarung des Mystikers und Gottesboten Jakob Lorber, geb. am 22. 7. 1800 zu Kanischa, gest. am 24. 8. 1864 in Graz, in Wort und Schrift zu verbreiten, im In- und Ausland für die Werke Jakob Lorbers zu werben und seine Lehre von der tätigen Gottes- und Nächstenliebe durch die Lorber-Tatgemeinschaft in die Tat umzusetzen. Er kann zu diesem Zweck bewegliches und unbewegliches Vermögen eräwerben."[30] Über die Vereinsstatuten heißt es nachfolgend: „Mitglied des Vereins kann jeder Unbescholtene werden, der bereit ist, sein Leben nach den christlichen Grundsätzen der Neuoffenbarung durch Jakob Lorber einzurichten. Die Mitgliedschaft wird nicht durch Beitrittserklärung erworben, sondern durch Berufung durch den Vorstand des Vereins. Über die

Berufung beschließt der Gesamtvorstand, die Beschlußfassung erfordert Einstimmigkeit. Die Mitgliedschaft wird beendet durch Austrittserklärung, durch Tod oder durch Ausschluß des Mitglieds aus wichtigem Grund."[31] Der Präsident, ein Geschäftsführer sowie drei weitere Vorstandsmitglieder wurden von den Mitgliedern gewählt. Der damalige Verleger Otto Zluhan wurde ihr erster Präsident. Damit herrschte nun „Personalunion" mit dem Lorber-Verlag, der mit dem Vorstandsmitglied Friedrich Zluhan in ihrem Vorstand zusätzlich vertreten war. Doch am 31. Dezember 1980 traten beide aus der Lorber-Gesellschaft aus. Über die Beweggründe wurde dem Verf. auch nach vielen Anfragen nichts mitgeteilt[32]. Gegen R. Rinnerthaler, der nach einer Information Eggensteins behauptet, Friedrich Zluhan sei wegen seiner „diktatorischen Art" gezwungen worden, sein Amt niederzulegen[33], hatte die Angelegenheit m.E. andere Gründe. Eine der Hauptursachen für die schwere Verstimmung zwischen Lorber-Verlag und der Gesellschaft war eine erneute Drucklegung der „Neuoffenbarung", die offenbar durch die Bearbeiter sprachlich „modernisiert" worden war, was den Zorn eingefleischter Lorberianer nach sich zog. So mancher mußte dies wohl als Frevel an den „heiligen Texten" empfunden haben, genießt doch jedes Wort der „Neuoffenbarung" absolute Autorität, nämlich „Jesus-Autorität". So stand im Mitteilungsblatt der Lorber-Gesellschaft zu lesen: „Seit einigen Jahren vergleicht Herr Ulrich Mirau, München, in mühevoller Arbeit die Texte der neuen Ausgaben (des Lorber-Verlages; der Verf.) mit den Originalhandschriften bzw. sehr alten Ausgaben der Lorber-Werke. Dabei mußte er immer wieder feststellen, daß in den neuen überarbeiteten Ausgaben viele sinnentstellende Änderungen, Auslassungen und Unterstellungen in den Texten vorgenommen wurden."[34] Die Lorber-Gesellschaft konnte und wollte das nicht hinnehmen. Deswegen beschloß sie künftig für eine „originalgetreue Drucklegung der Werke Lorbers" Sorge zu tragen und nahm dies auch später als erklärtes Ziel in ihre Satzung auf. Der damalige Präsident der Lorber-Gesellschaft, der Heilpraktiker *C. Zimmer*, bezog später bei einer Tagung der Lorber-Freunde zu diesem Vorfall Stellung, versuchte aber zu beschwichtigen: „So möchte ich Sie bitten, das Alte ruhen zu lassen. Wir wollen den Fehler irgendeines Bruders nicht vergrößern, sondern wollen ihm in Liebe helfen, seine Schwierigkeiten zu überwinden. Wollen wir doch annehmen, daß auch die vielen Auslassungen und Abänderungen beim Druck der Bücher und Schriften Lorbers in der Annahme geschehen sind, eine bessere Verkäuflichkeit zu erreichen, leichter Zugang zu den Menschen zu finden, weniger aus Gewinnstreben, sondern mehr im Bemühen, um eine größere Verbreitung zu erreichen."[35] Zu weiteren Spannungen zwischen den Verlegern und den Lorber-Gesellschaftern dürfte sicherlich auch die bereits erwähnte Weigerung Friedrich Zluhans geführt zu haben, das Buch des Vorstandsmitgliedes der Lorber-Gesellschaft K. Eggenstein neu aufzulegen. Dieser sah – und sieht – darin ein geeignetes Mittel zur Werbung für die Lorber-Schriften und steuerte mit reißerischem Buchtitel und kühnen Behauptungen einen eigenwilligen Kurs, den der Lorber-Verlag ablehnte. Deswegen geißelte Eggenstein nachträglich die Werbestrategie des Verlages, der es vorzog, Menschen durch Zeitungsinserate und Buchgeschenke auf die Neuoffenbarung aufmerksam zu machen: „Als ich damals (im Jahre 1971; der Verf.) in den Vorstand der Lorber-Gesellschaft eingetreten war, hatte ich bald erkannt, daß mit den beim Lorber-Verlag üblichen Methoden die Verbreitung der Neuoffenbarung unmöglich ist. Und daran hat sich bis heute auch nicht viel geändert. Eine jahrzehntelange Stagnation machte den Mißerfolg deutlich. Die kleinen Auflagen der Lorber-Bücher waren meist nach 20 Jahren verkauft . . . Jahrzehntelang erwies es sich als zwecklos, den Menschen durch Inserate ein umfangreiches Druckwerk von 8000 Seiten anzubieten. Die mit der Anschaffung verbundenen relativ hohen Kosten, sowie der große Zeitaufwand für das Studium des Werkes überfordern den Durchschnittsmenschen . . . Das Eggenstein-Buch hat dagegen nachweisbar in vielen Fällen einen kräftigen Anstoß gegeben, sodaß die Leser auch die Lorber-Bücher kauften."[36]

b) Getrennte Wege: Neuformation im Jahre 1981

Nach diesen internen Differenzen innerhalb der Lorber-Bewegung kam es zu neuen Aktivitäten der Lorber-Gesellschaft. Sie beschloß, „aus ihrer bisherigen Anonymität"[37] herauszutreten. Verstärkt konzentrierte sie sich jetzt auf ihren Auftrag, besonders intensiv für die „Neuoffenbarung" Lorbers in der Öffentlichkeit zu werben, um damit „auch den unwissenden und suchenden Geschwistern das Licht Jesu ins Herz zu legen und das Gebot Jesu zu erfüllen."[38]
Man beruft sich dabei auf die Aussage des Lorberschen Jesus, der den Auftrag gegeben hat: „Gehet hin in alle Welt zu den verlassenen Brüdern und Schwestern, trocknet ihnen die Tränen von ihrem Ange-

sichte und gebet ihnen reichlich zu trinken von diesem reinsten Wein, den Ich euch allen zu trinken gab in Hülle und Fülle."[39] Dieser Lorbersche „Sendungsbefehl" erinnert sehr stark an biblische Motive (Ps 78, 15; Jes 25,6; Mk 16,15; Offb 7,17), die im Sinne der „Neuoffenbarung" umgedeutet bzw. zur Begründung ihres Universalanspruches herangezogen werden. Es geht um die Veröffentlichung der *Kundgaben durch Jakob Lorber.*

Zur Erfüllung dieses Auftrags steuerte die Lorber-Gesellschaft neue Ziele an und entschloß sich zu einer internen, personellen Veränderung. Die Neuwahlen am 7. März 1981 führten zu einer neuformierten Lorber-Gesellschaft mit insgesamt zwölf offiziellen Mitgliedern:

Vorstand: Carl Zimmer (Präsident), Bietigheim; Georg Ruske (Geschäftsführer), Wiesbaden; Dr. Klemens Bartscht, Steinfurt; Wilhelm Kirchgässer alias Kurt Eggenstein, Mannheim; Edith Heinmüller, Hamburg.
Weitere Mitglieder: Max Burri (Gossau), Schweiz; Erwin Ehlers, Buxtehude-Ottensen; Gerhard Lamprecht, Karlsruhe; Waldemar Proske, Köln; Dr. Johannes Waldbauer, Kufstein (Österreich); Johannes Zimmer, Klagenfurt (Österreich); Otto Walter Zluhan, Bietigheim.

Eines ihrer neugesteckten Ziele war es nun, möglichst viele Lorber-Freunde „wenigstens dem Namen nach untereinander bekannt zu machen, um ihnen den Kontakt mit Gleichgesinnten zu ermöglichen."[40] Zudem versuchte sie die Kontrolle bei der Drucklegung der Lorber-Schriften zu intensivieren, damit die „Neuoffenbarung" *unverfälscht* verbreitet werden konnte.

c) Neuorientierung und neue Satzung (1985)

Um die neuen selbstgesteckten Ziele besser verfolgen zu können, gab sich die Lorber-Gesellschaft am 27. Juli 1985 eine neue Satzung, die die bisherige Fassung aus dem Gründungsjahr von 1949 ablösen sollte.

Es lassen sich deutliche inhaltliche Veränderungen hinsichtlich des selbstformulierten Auftrages entdecken. Die noch 1949 erwähnte „Lorber-Tatgemeinschaft", durch die mit Spenden „die wahre Gottes- und Nächstenliebe" praktiziert werden sollte, wird hier nicht mehr genannt.
Nun heißt es:

„1. Die Lorber-Gesellschaft e.V. mit Sitz in Bietigheim-Bissingen verfolgt ausschließlich und unmittelbar gemeinnützige (religiöse) Zwecke im Sinne des Abschnitts ‚Steuerbegünstigte Zweke' der Abgabenordnung.

2. Der Zweck ist die durch Jakob Lorber, geb. am 22. 7. 1800 in Kanische, gest. am 24. 8. 1864 in Graz, empfangene Offenbarung im Urtext zu bewahren, vor textlichen Veränderungen zu schützen und im In- und Ausland zu verbreiten.

3. Der Satzungszweck wird verwirklicht
– durch den Druck von Einführungs- und Informationsschriften
– durch öffentliche Vorträge, Tagungen, Seminare usw.
– durch verbilligte oder kostenlose Überlassung von Werken der Neuoffenbarung an Institutionen, Bibliotheken, bedürftige Personen usw.
– durch Unterstützung von in Not geratenen Lorber-Freunden

4. Der Verein ist selbstlos tätig; er verfolgt nicht in erster Linie eigenwirtschaftliche Zwecke."

Im weiteren Verlauf wurde die frühere Satzung weitgehend beibehalten. Damit hatte die Lorber-Gesellschaft ihren Weg für die Zukunft festgelegt. Im Februar 1986 erfolgte während der Mitgliederversammlung eine Neuwahl des Vorstandes. Ein neuer Mann rückte dabei als Schriftführer in den Vorstand: der Heilpraktiker *Manfred Peis* aus Hausham in Oberbayern. Wie sich dem „Geistigen Leben"[41] entnehmen läßt, wurden an die Mitglieder erstmals einzelne Arbeitsressorts verteilt (Kontakt zu Lorber-Kreisen, Finanzen, Öffentlichkeitsarbeit, Verwaltung).

Neu wurde Lothar Schuller aus Pöcking in die Lorber-Gesellschaft berufen. Es fällt auf, daß das neue Vorstandsmitglied, der Haushamer Heilpraktiker *Manfred Peis*, das bisher nicht in Erscheinung getreten ist, ziemlich schnell in der Organisationsstruktur der Lorber-Freunde aufsteigen konnte und als neuer Schriftleiter des *Geistigen Lebens* mit einer für die Lorber-Bewegung meinungsprägenden Rolle betraut wurde. Deswegen wurde die offizielle Anschrift der Lorber-Gesellschaft von Bietigheim an den Wohnsitz von Peis verlegt (Adresse: Lorber-Gesellschaft, Postfach, D-83734 Hausham).

Damit waren die neuformulierten Aufgaben deutlich auf mehrere Schultern verteilt. Doch bereits vier Jahre später kam es zu einer erweiterten Satzung, die auch in Zukunft das Bild und die Arbeit der Lorber-Gesellschaft unter der Leitung von Peis prägen wird.

4. Die Lorber-Gesellschaft e.V. Bietigheim heute

a) Neue Strukturen und Mitgliedschaft

In der bereits erwähnten Broschüre „Wir über uns" aus dem Jahre 1990 findet sich auch eine Bestelliste, mit der „unverbindlich" die Satzung und ein Aufnahmeantrag angefordert werden kann.

Bei einer genauen Lektüre der Satzung zeigen sich zahlreiche Änderungen gegenüber der Fassung von 1985. So wurde die Methode zur Verbreitung der „Neuoffenbarung" modifiziert. War in den Jahren zuvor noch das Versenden der Werke Lorbers als kostenlose Buchgeschenke an Bibliotheken ausdrücklich als Werbemittel genannt worden, so fehlt dieser Passus in der Neufassung von 1989 ebenso wie der von einer finanziellen Unterstützung bedürftiger Lorber-Freunde. Stattdessen möchte man für die eigenen Ziele auch audiovisuelle Medien (gemeint sind hier der eigens produzierte Lorber-Film und eine Plattenaufnahme mit Kompositionen Lorbers) sowie datentechnische Verbreitungsmittel nutzen. Zwar wurde die bisherige Struktur der Gesellschaft weitgehend beibehalten, doch wird das Amt eines „Präsidenten" nicht mehr genannt. Es gibt lediglich noch einen geschäftsführenden Vorstand und die Mitgliederversammlung, die aus maximal 12 „ordentlichen Mitgliedern" besteht.

Verstärkt ist man nun bemüht, auch anderen Interessierten den Zugang bzw. die Mitgliedschaft zur Lorber-Gesellschaft zu ermöglichen. Dabei unterscheidet man zwischen „freiem" und „ordentlichem" Mitglied. So heißt es in der derzeit gültigen Satzung: „Freies Mitglied kann jede Person werden, die sich aktiv an den grundsätzlichen Zielen und Aufgaben des Vereins durch finanzielle Unterstützung und/oder durch tätige uneigennützige und ehrenamtliche Mitarbeit an diversen Aktivitäten der Lorber-Gesellschaft beteiligen will." Die Aufnahme muß schriftlich beim Vorstand beantragt werden, der darüber zu entscheiden hat. Zuvor müssen jedoch eine Menge von Einzelfragen beantwortet werden, die in ihrer Art fast einer Bewerbung gleichkommen. Als Grund für die detaillierten Einzelfragen gibt Peis an: „Leider müssen dabei die Aufnahmeformulare zum Schutz vor geistiger Unterwanderung und persönlichen Interessen ziemlich umfangreich sein. Aus diesem Kreis können nach gewisser Zeit besonders verdiente und uneigennützig handelnde Mitglieder als ‚ordentliches' Mitglied in den Vorstand gewählt werden. Alle Freunde aber, die unsere wichtige Arbeit zur Verbreitung der Wahrheit und des Lichtes Jesu sowie zur Bewahrung des Wortes mit einem freiwilligen Beitrag fördern, werden automatisch als förderndes Mitglied der Lorber-Gesellschaft angesehen."[42]

Man muß sich wohl doch „empordienen" und das uneingeschränkte Vertrauen der Versammlung der „ordentlichen Mitglieder" genießen, um in der binnenlorberianischen „Hierarchie" aufsteigen zu können. Grundsätzlich, und das fällt neuerdings stärker ins Gewicht, wird im Aufnahmeantrag auch eine „Solidaritätserklärung" mit der Satzung und den Zielen gefordert. Hier tritt eine Richtlinienkompetenz in Erscheinung; denn bei „Verstoß gegen die Satzung", bei „vereinsschädigendem Verhalten oder aus wichtigem Grund" kann die Mitgliederversammlung mit Mehrheitsbeschluß auch einen Ausschluß des betreffenden Mitgliedes herbeiführen. Neuerdings wird der Versuch unternommen, nach außen hin Geschlossenheit zu demonstrieren und interne Konflikte möglichst zu unterbinden. Als „ordentliches" Mitglied kann man allerdings nur durch die Mitgliederversammlung berufen werden. Voraussetzung hierfür ist, daß man ein Jahr lang „freies" Mitglied gewesen ist.

Neben der Mitgliederversammlung gibt es einen fünfköpfigen Vorstand, an dessen Spitze der „geschäftsführende Vorsitzende" steht. – Wie es heißt, sind die „ordentlichen Mitglieder" „uneigennützig und ehrenamtlich" für die Lorber-Gesellschaft tätig. Bei Auflösung des Vereins – und das mag vielleicht nach der wechselvollen Geschichte zwischen Verlag und Gesellschaft überraschen – fällt das noch verbliebene Vermögen an das *Jakob Lorber Förderungswerk e.V., Bietigheim*, „das es unmittelbar und ausschließlich für gemeinnützige Zwecke im Sinne seiner Satzung zu verwenden hat".

b) Mitglieder

Wie der damalige Geschäftsführer der Lorber-Gesellschaft Georg Ruske schon im Jahre 1986 mitteilte, wird die Mitgliederzahl der Lorber-Gesellschaft „bewußt niedrig gehalten, damit die Arbeit so effektiv wie möglich ist und möglichst keine Kosten entstehen."[43]

Am 30. Juli 1988 trat Zimmer vom Amt des Präsidenten zurück. Daraufhin gab sich die zusammengetretene Mitgliederversammlung eine neue Führung. Bei den anschließenden Neuwahlen kam es dann zu folgendem Ergebnis:

Manfred Peis, geschäftsführender Vorsitzender
Hans Bubestinger, stellvertretender Vorsitzender
Gerhard Lamprecht, Schriftführer
Lothar Schuller, Vorstandsbeirat
Carl Zimmer, Vorstandsbeirat

Zu diesem – wie ihn die neue Satzung von 1989 bezeichnet – „geschäftsführenden Vorstand" wurden als weitere (jetzt wohl „ordentliche") Mitglieder benannt: Dr. Klemens Bartscht, Edith Heinmüller (bis 1993), Klaus W. Kardelke und Siegfried Lindmayer. Ende 1993 erfolgten in München die Neuwahlen des Vorstandes, der unverändert blieb. Zusätzlich wurden Ingrid Bubestinger und Gerd Schuh als ordentliche Mitglieder berufen (GL 1/1994, S. 34). Eine deutliche Verjüngung des Führungsgremiums gibt sich zu erkennen.

Derzeit (1994) handelt es sich bei der Lorber-Gesellschaft e.V. Bietigheim-Bissingen um ein zehnköpfiges Gremium, das in vielfältiger Weise für die Verbreitung der Schriften Lorbers eintreten möchte. Für die Zukunft ist es nicht ausgeschlossen, daß noch zwei weitere Mitglieder in die Gesellschaft berufen werden, da ihre Höchstzahl auf zwölf Personen festgelegt ist. Schwer abzuschätzen läßt sich dagegen die Zahl der „freien Mitglieder", die durch einen Aufnahmeantrag formal der Gesellschaft beitreten und sich bei Eignung um den Status eines „ordentlichen" Mitgliedes bewerben können.

Somit zeichnet sich bei der Arbeit der Lorber-Gesellschaft ein neuer Trend ab. Das Leitungsgremium ist bemüht, in stärkerem Umfang als bisher die Lorber-Freunde für ihre Ziele zu gewinnen und zu aktivieren. Mit einer Unterschrift erklärt sich das neue Mitglied mit den Zielen der Lorber-Gesellschaft grundsätzlich einverstanden. Auf diesem Weg soll es offenbar besser als bisher gelingen, die Anhänger des Lorber-Schrifttums mit bindenden Vorgaben stärker in die Pflicht zu nehmen.

Jeder Interessent kann wählen, wie seine Mitarbeit geschehen soll: entweder durch finanzielle Unterstützung (wie dies schon früher in der Lorber-Tatgemeinschaft möglich war) oder durch aktive „Werktätigkeit". Alles soll darauf gerichtet sein – wie es das Ziel der Lorber-Gesellschaft ist – „die durch den Mystiker Jakob Lorber empfangene Offenbarung im Urtext zu bewahren und im In- und Ausland zu verbreiten"[44]. Auf dem entsprechenden Anmeldeformular können verschiedene Arbeitsfelder angekreuzt werden: Kongresse, Tagungen,

Seminare, Arbeitsgemeinschaften für Druckschriften, „Geistiges Leben", Kalender, Vertrieb und Versand, Medientechnik (Kassettendienst, Videofilm), Arbeit in der Jakob Lorber-Begegnungsstätte Andritz-Ursprung/Graz als Hausmeister oder Gartenarbeiter sowie in Form von Gründung und Betreuung von Freundeskreisen.

Wie viele Lorber-Freunde einen entsprechenden Antrag gestellt haben, ist aus den Publikationen der Lorber-Bewegung nicht ersichtlich. Es fällt allerdings auf, daß die Lorber-Gesellschaft stärker als bisher die verstreut lebende Lorber-Gemeinde zu sammeln und zu aktivieren bemüht ist.

5. Wie die Lorber-Gesellschaft die „Neuoffenbarung" verbreitet

Waren es in der Vergangenheit eher bescheidenene Versuche, die „Neuoffenbarung" an die „Weltmenschen" zu bringen, so bedient sich die Lorber-Gesellschaft neuerdings breit angelegter und straff konzipierter Werbekampagnen. Seit der internen Neuorientierung unter *M. Peis* zeichnen sich aufwendigere Projekte ab, die eine entsprechende finanzielle Unterstützung der Lorber-Freunde erforderlich machen. Die Verbreitung der „Neuoffenbarung" Lorbers benötigt Geld. Daraus macht die spendenhungrige Lorber-Gesellschaft auch keinen Hehl. In der Zeitschrift „Geistiges Leben", mittlerweile die „Hauszeitschrift" der Lorberianer, wird immer wieder auf das Ziel und die Maßnahmen hingewiesen. Zur Untermauerung wird auch eine Äußerung des Lorberschen Jesus herangezogen, um den künftigen Aufgaben an der Ausbreitung des „göttlichen Wortes" besonderen Nachdruck – „von oben" – zu verleihen. So ruft folgender Text den Lorber-Freunden – in Einzelnummern des „Geistigen Lebens" stets wiederkehrend – in Erinnerung:

Die LG (d.i. die Lorber-Gesellschaft; der Verf.) verbreitet die Neuoffenbarung durch Jakob Lorber im In- und Ausland durch

* direkte Publikation durch Tagungen, Seminare, öffentliche Vorträge und Gespräche

* schriftliche Publikation mit der Zeitschrift „Geistiges Leben", dem Lorberkalender „Worte der Liebe Jesu", Informationsschriften usw.

* Überlassung von Werken der Neuoffenbarung an interessierte Institutionen, Bibliotheken, bedürftige Personen usw.

* modernste Medientechnik mittels Videofilm (z. B.: Dokumentarfilm über das Leben und Wirken Jakob Lorbers)
* Unterhaltung der Jakob Lorber-Begegnungsstätte in Graz-Andritz-
Ursprung für alle Freunde der Neuoffenbarung und jene, die es werden wollen."

Doch danach kommt es zum direkten Appell: „Diese Ziele können
nur verwirklicht werden, wenn sich alle an diesem Werk der Gottes-
und Nächstenliebe beteiligen durch Rat und Tat und finanzielle Unterstützung! ... Wisse, lieber Bruder, liebe Schwester: Mit jeder Hilfe
wird sich auch ein Wunder der Kraft und des heiligen Lebens aus Jesus
in Deinem Herzen vollziehen. Denn wer gibt, der empfängt auch, und
‚alles, was ihr tut und tun werdet in Meinem Namen, das tut aus Liebe,
um die Liebe im Herzen derer zu wecken und zu beleben, die ihr für
Mein Reich gewonnen habt‘."[45]

a) Buchgeschenke

Bereits im Jahre 1982 führte die Lorber-Gesellschaft in Zusammen-
arbeit mit dem Lorber-Verlag eine „Buchschenkaktion" durch. Mit
einer – wie es damals hieß – „hochherzigen Spende einer Freundin
des großen Offenbarungswerkes"[46] wurde es möglich, 290 deutsche,
32 österreichische und 17 Schweizer Bibliotheken mit dem achtbändi-
gen Werk „Leben und Lehre Jesu" (eine Zusammenstellung der Lorber-Schriften „Jugend Jesu", „Die drei Tage im Tempel" und das
„Große Evangelium Johannes" in gekürzter Form) zu beliefern. Zu
den Empfängern zählten damals Volkshochschulen, Stadtbüchereien
und Universitätsbibliotheken – ein Indiz dafür, daß man alle sozialen
Schichten mit dieser Aktion erreichen wollte. Zusätzlich sollten auch
die bisherigen Lorber-Freunde davon profitieren. Sie sollten die
Möglichkeit haben, „die Schriften Jakob Lorbers auszuleihen oder
Freunde und Interessenten auf die Leihmöglichkeit hinzuweisen."[47]
Diese Buchgeschenke sollten die eigenen „Geistgeschwister" versor-
gen und über diese neue hinzugewinnen, d. h. Werbung für die
„Neuoffenbarung" in Form eines „Schneeballsystems". – In der Ge-
genwart scheint man jedoch von dieser Werbemethode abgerückt zu
sein.

b) Die Zeitschrift „Geistiges Leben"

Zwecks einer effektiveren Werbung für das Lorbersche Schrifttum beschloß die Lorber-Gesellschaft eine eigene Zeitschrift herauszugeben.
Zuvor hatte sie im Juni 1981 eine Fragenbogenaktion unter den Lorber-Freunden gestartet und festgestellt, daß viele an einem engeren
Kontakt untereinander interessiert sind. So gab man Ende 1981 das
erste Exemplar des „Geistigen Lebens" mit dem Untertitel „Zeitschrift für Freunde der Neuoffenbarung durch Jakob Lorber. Mitteilungen der Lorber-Gesellschaft e.V. Bietigheim" heraus.
Die Schriftleitung hatten die Vorstandsmitglieder Bartscht, Ruske
und die einfachen Mitglieder Proske und J. Zimmer übernommen, die
sie später an die beiden Erstgenannten abtraten. Mit der Herausgabe
der Zeitschrift erhoffte man sich, die Zahl der Lorber-Kreise, die zumeist im Verborgenen existierten, zu vergrößern und vereinzelt lebende Lorber-Freunde zu einem Zusammenschluß zu ermuntern:
„Nur in der Gemeinschaft gleichgesinnter Freunde werden wir ständig
notwendige Anregung finden, tiefer und tiefer in den Geist der Neuoffenbarung einzudringen, der ja der Geist der Liebe ist."[48] Was den
Zweck und den Anspruch der neuen Zeitschrift anbelangte, die sich
nun ebenfalls wie das vom Lorber-Verlag herausgegebene Heft „Das
Wort" an Lorber-Leser wandte, so umschrieb ihn der damalige Präsident Carl Zimmer äußerst bescheiden: „Die Gesellschaft (hat) nie be-
absichtigt ... , in ‚Konkurrenz' zu dem ‚Wort'-Heft zu treten. Das
Wortheft (sic!) ist eine Zeitschrift des Verlages mit sehr schönen, tief-
schürfenden Aufsätzen von Professoren, Theologen und sonstigen
hochgeistigen Menschen, Schriftstellern, Dichtern. Das Mitteilungsblättchen der Gesellschaft erhebt keine solch hohen Ansprüche. Wir
wollen nur Verbindungsglied zwischen den Freunden in aller Welt
sein, die oftmals weit entfernt von der nächsten gleichgestimmten
Seele sehr allein sind und sich oft verlassen vorkommen. In aller Bescheidenheit möchte hier unser Mitteilungsblättchen sagen: du bist
nicht allein. Schreib doch einmal an die Gesellschaft, vielleicht ist denen ein in der Nähe wohnendes Freundesherz bekannt."[49] Die seitdem
vierteljährlich erscheinende Zeitschrift erhielt in der Person des Heil-
praktikers Manfred Peis einen neuen Schriftleiter.
Bislang war das interne Heft der Lorber-Freunde weitgehend unbekannt. Seit seinem Bestehen werden in ihm detaillierte Auskünfte
über die internen Strukturen der Lorber-Bewegung gegeben. Sie bie-

tet ein unverzichtbares Quellenmaterial für eine Analyse der Neuoffenbarungsgruppe. Anders als die Verlagszeitschrift „Das Wort" hat das Blatt eine eigene Aussprachemöglichkeit unter den „Geistesgeschwistern" geschaffen. Somit kann über Passagen im Lorber-Werk, über lebenspraktische Fragen und über andere Jenseitskundgaben bzw. über andere „Träger des inneren Wortes" freimütig diskutiert werden. Hier ist der Ort des Meinungsaustausches unter den Lorber-Freunden. Diese Form ersetzt dabei weitgehend die personale Kommunikation, da die Lorber-Freunde oft sehr weit voneinander entfernt wohnen und ein enger persönlicher Kontakt oder Austausch für viele unmöglich ist. Gehäuft finden sich Anzeigen vereinsamter Lorberianer, die sich einen Austausch unter Gleichgesinnten wünschen und deshalb „Kontaktanzeigen" im „Geistigen Leben" aufgeben.

Der Vorteil dieses Blattes liegt zweifelsohne in seiner kostenlosen Abgabe. Stets werden Passagen aus Lorber-Schriften abgedruckt. Damit kommt man auch denjenigen entgegen, die sich die zahlreichen Lorber-Bände finanziell nicht leisten können. Doch der Linie der Zeitschrift blieb – trotz mannigfachen Lobs – auch Kritik nicht erspart. Dagegen wehrt sich der Herausgeberkreis mit folgenden Worten: „Leider legen es wieder andere nach kurzer Betrachtung zur Seite. Sie finden darin nicht die erwarteten Sensationen und Geschehnisse und Durchgaben aus der Geisterwelt. Das alles können und wollen wir nicht, denn für uns ist die reine Wahrheit und Liebe Jesu der Grund allen Grundes. Und diese ist nicht vollgepackt mit Sensationen oder Weltuntergangsstimmungen"[50]. Toleranz soll der ab 1983 in das Impressum eingefügte Satz bekunden: „Mit Namen des Verfassers versehene Beiträge müssen nicht unbedingt mit der Auffassung der Schriftleitung übereinstimmen." Auf den ersten Seiten des Einzelheftes finden sich meist Zitate aus Lorber-Schriften, Gedichte, Aphorismen oder auch Bibelzitate, denen häufig Jesus-Bilder beigefügt sind. Es folgen die „Mitteilungen der Lorber-Gesellschaft" (Veranstaltungen, Freundeskreise, Spendeneingänge, Nachrufe bzw. die Namen verstorbener Lorberianer), dann „Betrachtungen und Meinungen" (mit thematischen Aufsätzen aus der Sicht der „Neuoffenbarung") und zeitweise auch Aufsätze zu dem Thema Gesundheit und Krankheit mit vielen Hinweisen aus den Lorberschen Kundgaben.

Leserbriefe von Lorber-Freunden, die sich meist zu aktuellen und internen Problemen innerhalb der Bewegung aus der Sicht der Neuoffenbarung äußern, runden das derzeit etwa 40 Seiten umfassende Einzelheft ab. Zwischen den einzelnen Sparten und Artikeln sind häufig Kleinanzeigen (Kontaktadressen, Suchanzeigen und vereinzelt Hinweise auf Lorber-Bücher) eingestreut.

Zeitweise wurde im „Geistigen Leben" die spezielle Rubrik *„Begegnung"* abgedruckt. Anhand des summarischen Werkes des früheren Schriftleiters von „Das Wort", Dr. Walter Lutz, mit dem Titel „Neuoffenbarung am Aufgang des 3. Jahrtausends" (3 Bände) wurde von Lorber-Freunden (und besonders wohl auch von den Leitern der einzelnen Kreise) über zentrale Aussagen der Neuoffenbarung diskutiert. Später jedoch ging der Leiter dieses Aussprachepodiums dazu über, die Diskussionen – wie bereits zuvor seit 1968 geschehen – wieder in Form von Rundbriefen führen zu lassen. Seitdem verschickt Georg Ruske (Wiesbaden), der für diese Aktion den Titel *„Lorber-Studiengemeinschaft"* auf Vorschlag von Otto Zluhan gewählt hatte, wieder „auf Wunsch" die „Begegnungsbriefe" monatlich an interessierte Lorber-Leser. Sie sind kostenlos. Erbetene Spenden decken den Etat. Ihre Stückzahl belief sich 1987 etwa auf 160 Stück.

Insgesamt hat die auf Spendenbasis finanzierte Zeitschrift „Geistiges Leben" – ähnlich wie „Das Wort" des Lorber-Verlages – die Aufgabe, auf die „Neuoffenbarung" Lorbers hinzuweisen. Sie wird in 22 Länder verschickt und erscheint seit 1990 alle zwei Monate. Ihre Auflagenhöhe beläuft sich auf etwa 2100-2500 Exemplare[51], woraus sich jedoch nicht die genaue Zahl von Lorber-Freunden ablesen läßt.

c) Audiovisuelle Medien

Die Aktivitäten auf diesem Feld sind jüngeren Datums. Sie hängen zusammen mit der bereits im Jahr 1985 vollzogenen „Neuorientierung" bzw. mit der Satzungsänderung. Zudem scheinen die jüngeren Köpfe der Lorber-Gesellschaft neue Werbemethoden zu forcieren, die bislang nicht entdeckt worden sind.

Neben dem Tonbanddienst von Peter Keune (Swedenborg-Zentrum Berlin), der zumeist die Mitschnitte der Vorträge bei den Tagungen des Lorber-Verlages vertreibt, unterhält die Lorber-Gesellschaft (Lothar Schuller, 82343 Pöcking) seit 1986 ebenfalls einen eigenen *Cassettendienst.*

Im Jahr 1987 wurden etwa 1700 Kopien von verschiedenen Vorträgen angefertigt und an Interessierte verschickt[52]. Zusätzlich will die Lorber-Gesellschaft besonders durch den fast schon traditionellen jährlichen „*Wochenabreißkalender*" mit dem Titel „*Worte der Liebe*", der neuerdings gegen Spenden bzw. kostenlos abgegeben wird, auf das Lorber-Schrifttum aufmerksam machen. Er enthält Verse aus dem Lorber-Werk sowie Gedichte von „Geistesfreunden". Neueren Datums ist die *Heftreihe „Geiästige Aspekte"*, die vor allem als „Erstinformation an Suchende veschenkt oder weitergegeben werden kann". Die Einzelexemplare enthalten kurze thematische Vorträge einzelner Mitglieder der Lorber-Gesellschaft. Den gleichen Zweck verfolgt das Informationsblatt „*Der Blitz vom Aufgang bis zum Niedergang*". Es enthält eine Kurzübersicht über die Schriften der „Neuoffenbarung" und wurde – so die Notiz im Januar 1991 – „bereits viele tausendmal kostenlos verteilt"[53].

Seit kurzem verfügt man über ein weiteres Medium: Der *Dokumentarfilm* über Lorbers Leben und Werk mit dem Titel „Jakob Lorber, . . . Und hättet ihr nicht das ganze Universum in euch . . ." wurde fertiggestellt und ist als Videokassette bei der Lorber-Gesellschaft, bei dem „Cassettendienst der Lorberfreunde" (82343 Pöcking) oder beim Lorber-Verlag zu erwerben (in Deutsch und Englisch). Über das Medium „Film" möchte man nun noch gezielter für den „Neuoffenbarer" Lorber werben – offenbar nicht ohne Vorbehalte einiger Lorber-Freunde, denn Manfred Peis mußte diese Aktion mit bekenntnisreichen Worten verteidigen: „Es wurden viele Filme über die großen Weltreligionen gedreht, warum sollte nicht auch auf die allergrößte Religions-Offenbarung Jesu Christi durch den ‚Schreibknecht Gottes' Jakob Lorber hingewiesen werden? . . . Wir machen also nur auf die Offenbarung Jesu . . . aufmerksam und *regen das geistige Interesse an*, so daß die geweckte Seele zum Wort greift und dann vielleicht auch dieses zu (er)leben beginnt."[54] Nachdem im Mai 1986 der Erstentwurf des Drehbuches fertiggestellt wurde, begannen im Herbst 1987 die Dreharbeiten. Das Projekt wurde zwar finanziell von der Gesellschaft getragen, doch gab es immer wieder Spendenaufrufe an die Lorber-Freunde und Leser des „Geistigen Lebens". Sie werden, wenngleich freiwillig, doch immer zur Kasse gebeten bei den vielfältigen publizistischen Werbemethoden im „Dienst der Neuoffenbarung".

Die Uraufführung des Films fand am 2. Oktober 1988 in Graz, der „Wirkungsstätte" des „Schreibknechtes", statt. Bislang wurden mehrere hundert Stück verkauft und bis nach Australien und Canada verbreitet. Für die Zukunft sind „Kurzfilme aus den Lehrbereichen der Neuoffenbarung" in Planung.

In jüngster Zeit hat man auch den Komponisten Lorber für Zwecke der Neuoffenbarung entdeckt. So wurden Stücke von ihm aufgenommen und als *CD bzw. Musikkassette* vertrieben. Sie dienen ebenfalls dem in der Satzung formulierten Ziel der Werbung: „Sie alle wissen, wie schwer es ist, die gegebenen Werke der Neuoffenbarung einem offenen Menschen, der von ihrer Großartigkeit und geistigen Tiefe noch nichts ahnt, nahezubringen. Einen solchen kann man aber sehr gut über die herrlichen kantilenen Adagios und Andantes der Kompositionen Lorbers auf dessen Hauptwerk – die Neuoffenbarungen Jesu – aufmerksam machen . . . Dies wäre alleine noch keine besondere Idee zur Verbreitung des Wortes Gottes. Der Kern der Information über die Werke Jakob Lorbers wird das jeweils beigegebene 12seitige Booklet (in deutscher und englischer Sprache) sein. Jeder, der die Musik hört, wird wissen wollen, wer dieser bisher unentdeckte Komponist ist und was seine weiteren Aufgaben waren. Auf diese Weise kann jeder Käufer (oder Spender) dieser CD-Platte oder Musik-Kassette bestens mit beitragen, das Wort Jesu weltweit zu verbreiten"[55]. Von der Produktion wurden einige hundert Stück verkauft. Zusätzlich wurden CD's an verschiedene Rundfunkanstalten (Abt. Ernste Musik/Klassik) verschickt, versehen mit einem „ausführlichen Presseheft". Die Lorber-Gesellschaft wollte damit – wie man den Lorber-Freunden mitteilt – , die Möglichkeit geben, „für sich oder andere im Wunschkonzert für Klassik oder zu der Geburtstagswunschsendung ein Lied nach Auswahl zu wünschen". In einem Fall stieß das CD-Paket aus Bietigheim auf Resonanz. Der Bayerische Rundfunk sendete am 1. Dezember 1990 eine Sendung mit den Lorber-Kompositionen. Doch die erhoffte Werbung für den „Mystiker" bzw. Neuoffenbarer Lorber und seine „Neuoffenbarung" blieb aus. Nur mit einer knappen kompositionsorientierten Einführung des Sprechers wurden die Vertonungen gespielt.

Dennoch: Die Lorber-Gesellschaft gibt nicht auf und sucht nach weiteren Verbreitungswegen. Für eigene Zwecke hat man zwei „neu überarbeitete *Liedkassetten* mit Noten- und Singheft" fertiggestellt, die besonders auf die jeweiligen Jahrestagungen der Lorber-Gesellschaft vorbereiten und einstimmen sollen.

Als weiteres modernes Übertragungs- und Verbreitungsmittel hat man auch den *Computer* entdeckt. Unter der Überschrift „Lorbertexte auf PC-Disketten" wurde im Herbst 1990 mitgeteilt, daß über den ‚Disk-plus-Buch'-Verlag G. Gutemann (Hagnau/Bodensee) verschiedene Diskettenversionen mit Textzusammenstellungen aus den

Lorber-Werken erhältlich sind. Als Zielgruppe für dieses Angebot hat man vor allem „jüngere Computerbenutzer, kritisch-religiöse und esoterische Wahrheitssucher"[56] im Blick. Seither existiert eine „von mehreren Lorberfreunden" aufgebaute Datenbank, die etwa 65% aller Lorber-Bände umfassen soll.

d) Das Erholungsheim bei Graz

Nach einer Kundgabe, die Lorber im Jahre 1840 empfangen haben soll, wird der Quelle Andritz-Ursprung, bei Graz in der Steiermark gelegen, besondere Heilkraft zugesprochen, da sie einen „Engelsgeist" besäße: „Was aber das sonderheitlich *Nützliche dieser Quelle* ist, so gebe Ich euch kund, daß, so diese Quelle zu einem anständigen *Badeorte* verwandelt würde, sie beinahe die Eigenschaft hätte wie einst der euch bekannte Teich bei Jerusalem, und es würden daselbst viele bresthafte und gichtische Menschen geheilt werden. Es gibt zwar viele Quellen, aber nicht allen diesen Quellen ist beständig ein schützender *Engelsgeist* beigegeben. Dieser Quelle aber ist ... ein solcher Geist gegeben. Und daher wohnt ihr auch eine besondere heilende Kraft inne!"[57] Lorber besuchte die Quelle mit seinen Freunden Andreas und Anselm Hüttenbrenner sowie Ritter von Leitner wenige Monate nach seiner Berufung zum „Schreibknecht" am 30. Juli 1840. Sein Biograph und Augenzeuge berichtet über diesen Ausflug: „Lorber diktierte uns dort, während er mit heiterer Miene auf den ruhigen Spiegel des Gewässers hinblickte, zwei Stunden lang tiefsinnige Eröffnungen über das Entstehen und die Herkunft dieser reinen Quelle und über deren Mitwirkung zu Zwecken der physischen und geistigen Welt. Und während der Rückfahrt zur Stadt machte er uns dann noch die Mitteilung: Die Naturgegenstände, mit welchen er sich in Verbindung setze, stellten sich ihm stets personifiziert dar ... Soeben an diesem Tage die Quelle als eine ruhige, ernste Jungfrau."[58]
1955 kaufte die Lorber-Gesellschaft diese Quelle mit den anliegenden Grundstücken, um sie ausschließlich Lorber-Freunden „für den Urlaub und für die Erholung" zur Verfügung zu stellen. Später baute man ein ehemaliges Fischhaus zu einem Erholungsheim um, das derzeit zwischen Mai und September geöffnet ist. Nach umfangreichen Renovierungsarbeiten (1988) steht es nun als Seminar- und Lorber-Begegnungsstätte zur Verfügung. Der Preis beträgt am Tag pro Person (bei Selbstverpflegung) etwas über vierzig DM.

Über die heilwirkende Kraft der Andritzquelle gibt das Gesellschaftsmitglied Kardelke Auskunft: „Inzwischen wurde die Quelle zu einem kleinen Badeorte erweitert, wobei man die Möglichkeit hat, in entsprechenden Becken die Heilkräfte des Wassers auf sich wirken zu lassen. Daß hierbei natürlich auch eine gute Portion Glauben notwendig ist, versteht sich von selbst, denn ist der Glaube doch das Tor, um den feinen ätherischen Heilkräften Eingang zu verschaffen in unseren leibseelischen Organismus. Ist dieses Tor aber nur mangelhaft geöffnet, so wird auch das Resultat mangelhaft sein … Aber so wir im Vollvertrauen und Glauben Seine Verheißung von der Heilkraft der Quelle annehmen, so kann uns auch Heilung werden. Und so wissen viele Freunde der Neuoffenbarung von Linderungen oder gar Heilungen ihrer Leiden zu berichten, nachdem sie voll Vertrauen und Glauben eine mehrwöchige Bade- und Trinkkur in diesem Heilbad absolvierten."[59] Wie es heißt, ließe sich Heilwasser durch „Sonnenbestrahlung" herstellen – selbst aus den „ungesündesten Wassern".

6. Die Österreichische Jakob Lorber-Gesellschaft in Graz

Im Jahre 1976 wandte sich die Österreichische Jakob Lorber-Gesellschaft mit folgender Aussage eines „Aufrufs" in ihrer „Gründungsdeklaration" an die Öffentlichkeit: „Von diesem kleinen, weltpolitisch unmaßgeblichen Lande Österreich, wird jetzt die Internationalisierung der Neuoffenbarung ausgehen und ihren unaufhaltsamen Weg nehmen! Der Mitgliedsausweis der Österreichischen Jakob Lorber-Gesellschaft mit seinem für alle Zeiten unwandelbaren, an die Person des jeweiligen Erstträgers gebundenen Nummernkatalog, soll eine Art Paß durch die Endzeit sein, was den untilgbaren Segen der Rechtgläubigkeit bedeutet. Der Herr verhieß uns ja: Die Wahrheit wird euch frei machen! Eine Anstecknadel soll die zur unverfälschten Lehre unseres Herrn Jesus Christus zurückgekehrten Glaubensgeschwister einander kenntlich machen." Damit meldete sich erstmals das österreichische Pendant zur deutschen Lorber-Gesellschaft mit Sitz in Salzburg (ab 1987 in Graz) zu Wort. Seit ihrer Gründung verfügt sie ebenfalls über eine eigene Zeitschrift („Wille und Wahrheit", Untertitel: „Zeitschrift aus dem Geiste der Neuoffenbarung. Organ der Österreichischen Jakob Lorber-Gesellschaft"). Im Augenblick kann sie aufgrund fehlender finanzieller Mittel nur noch unregelmäßig erscheinen. Das erste Exemplar erschien im Jahr der Vereinsgründung am 15. 5. 1975 als eine „Nullnummer". Die Struktur des Einzelheftes gleicht in etwa der Publikation des Lorber-Verlages „Das Wort". Thematische Aufsätze, Auszüge aus Lorber-Schriften, aber auch die Rubrik „Lorber Aktuell", in der die Lorberschen Aussagen im Hinblick auf bestimmte Ereignisse verifiziert werden sollen, sowie das „Leser-Forum" mit Zuschriften einzelner Lorber-Freunde bilden den Inhalt des Einzelheftes. Die Auflagenhöhe dürfte jetzt nur knapp über 1000 sein, wenn nicht gar darunter[60]. Bislang fand sich in den Einzelausgaben ein eher kirchenfeindlicher, mitunter sogar aggressiver Ton, was offenbar auch mit der Person des damaligen Schriftleiters und Gründers der Zeitschrift *Richard K. Raupach* (1913-1988) zusammenhing.

Mit den Neuwahlen innerhalb der Österreichischen Lorber-Gesellschaft im Jahre 1988 vollzog sich in der Linie der Zeitschrift eine Kurskorrektur. Raupachs unmittelbarer Nachfolger *Kajetan Atzl* konkretisierte die neue Richtung: „Weiters wünsche ich mir, daß alle Neuoffenbarungs-Freunde in ihren angestammmten Religionsgemeinschaften bleiben, in ihr Hoffnung und Trost finden und eine geistige Heimat. Vielleicht gelingt es sogar, aktiv zu werden, denn dies ist der erklärte Wunsch von Jakob Lorber und sicher auch unseres Herrn Jesus Christus. Denn wenn wir in unseren jeweiligen Großkirchen, in die wir hineingetauft wurden, keine geistige Heimat finden können, so ist Gefahr im Verzug, daß wir auf das Sekten-Niveau absinken bzw. unser Glaube Sektenmilieu charakterisiert. Deshalb wollen wir unseren Glauben, vor allem aber unsere Liebe aktiv in die Kirche einbringen und so zur christlichen Einheit beitragen."[61] Diesen eher kirchenfreundlichen Aspekt hatte die bisherige Satzung kaum im Blick. Denn dort war ein reines Tatchristentum gefordert, das in sektiererischer Manier die Kirchennähe der Lorberianer preiszugeben drohte: „Das mit dem Namen Jakob Lorber verbundene Offenbarungsschrifttum bietet eine geistige Welterklärung, zu der nicht nur die christlichen Erneuerungstendenzen, sondern die Wissenschaft, ja das ganze Lebensgefühl der heutigen Menschheit hinstreben. Lorber hinterließ die Lösung gerade der Fragen und Probleme, die das Ringen der besten Geister unserer Generation zutiefst ausmachen. Daraus ergibt sich ein übereinstimmendes, an *kein konfessionelles Bekenntnis* gebundenes Christentum, das durch einen Ethos der Liebe und der Tiefe seiner Erkenntnis, alle Menschen guten Willens zu einer *hochgesinnten Gei-*

stes- und Lebensgemeinschaft zu einen vermag."[62] Anders als in der Bietigheimer Lorber-Gesellschaft, zu der stets eine Konkurrenzsituation bestanden hatte, die für das gegenseitige Verhältnis nicht immer förderlich war[63], tritt bei dem Österreichischen Pendant stärker der missionarische Impetus für den pädagogischen Wert der Schriften in den Vordergrund. Laut Satzung hat sie sich „die internationale Verbreitung des in der gesamten Weltliteratur unvergleichlichen, auf Offenbarung beruhenden Werkes Jakob Lorbers (1800-1864) und die allgemeine schulische Aneignung dieses geistigen Erbes der Menschheit zur Aufgabe gestellt. Die Devise lautet: Von der ausschließlichen Bildung des Intellekts zur Erziehung der Jugend im Geiste der Neuoffenbarungsbotschaft."[64]

Seit dem 16. Juli 1988 hat sich die Österreichische Lorber-Gesellschaft neu formiert. Ein zwölfköpfiges Präsidium und ein sechsköpfiger Vorstand wurden gewählt. Der derzeitige Präsident ist Kajetan Atzl, als Stellvertreter fungiert der mit der Schriftleitung von „Wille und Wahrheit" betraute Horst Ringel; als Geschäftsführer zeichnet R. Atzl verantwortlich[65]. Es finden sich auch Deutsche unter den Mitgliedern, etwa die Leiterinnen von Lorber-Kreisen Isolde Wecker und Theresa Hönig. Ferner haben vier Personen den Status eines „Präsidiumsmitgliedes auf Lebenszeit" inne: Dr. Dr. Paul Sommer, Gerhard Buchinger sowie Ferdinand und Elisabeth Feichtenschlager-Soder. Seit 1. Januar 1989 lautet die offizielle Adresse: Österreichische Jakob Lorber-Gesellschaft, Klammstr. 12, A-6250 Kundl. Sie ist identisch mit der Anschrift des Geschäftsführers und Inhabers der Buchhandlung Reinhard Atzl. Wie es heißt, sei die Gesellschaft nicht auf Gewinn ausgerichtet. Das Schriftenmaterial wird kostenlos abgegeben. Allerdings gibt es einen jährlichen Mitgliedsbeitrag. So kann – was die Österreichische Lorber-Gesellschaft anbelangt – eine offizielle Mitgliedschaft erworben werden, die durch förmlichen Beitritt erfolgt. 1981 wurde ihre Zahl mit 73 angegeben, sie dürfte m.E. aber neuerdings etwas gesunken sein.

7. Die Lorber-Kreise

Im folgenden sollen nun die freiwilligen Zusammenschlüsse von Lorber-Freunden zu kleinen Gesprächs- und Lesekreisen untersucht werden. Dies kann zugegebenermaßen nur skizzenhaft geschehen; denn die einzelnen Lorber-Kreise existieren seit jeher in der Verborgenheit, in der Stille. Interne Diskussionen in der Zeitschrift *Geistiges Leben* geben Aufschluß über ihre Anliegen und Ziele. Darüber hinaus wird ein Einblick in das Eigenleben der Lorber-Gemeinde möglich. Vorweg kann jedoch festgestellt werden: Die Lorber-Kreise bilden mit ihrer intensiven Lektüre der „Neuoffenbarung" zugleich das schlagende Herz der Lorber-Bewegung. Daß es hier im Hinblick auf die Lorber-Gesellschaft vereinzelt Überschneidungen geben muß, liegt auch in dem besonderen Typus dieser religiösen Sondergemeinschaft begründet. So sind die ordentlichen Mitglieder der Lorber-Gesellschaft gleichzeitig Leiter eines örtlichen Lorber-Kreises.

a) Überblick

Bei den ersten Anhängern des Lorber-Werkes handelte es sich um persönliche Bekannte Lorbers, die vereinzelt auch seinem Freundeskreis zugerechnet werden können. Andere, die später auf diese Kundgaben aufmerksam wurden, schlossen sich zu einem kleinen Kreis zusammen (etwa der Kreis um Mayerhofer in Triest). Man kann sie durchaus als „Schöngeister"[66] charakterisieren, die, der Kirche entfremdet, neue Wege des Glaubens suchten. Die Kundgaben boten für sie ein „Jenseitswissen", das durch Jesus Christus auf übernatürliche Weise innere Fragen und Zweifel auszuräumen schien. Der in den „Neuoffenbarungsschriften" gewährte Blick in die jenseitigen Welten, in die inneren Zusammenhänge des göttlichen Schöpfungs- und Heilsplanes, der darin unternommene Versuch einer Aussöhnung von Glaube und wissenschaftlichem Weltbild taten ein übriges, um sie für die „göttlichen Diktate" zu gewinnen. Vieles, woran sich der Glaube reiben mußte, wurde nun vom Jesus der Neuoffenbarung verständlich dargelegt. Sicherlich war dies schon immer ein verlockendes und faszinierendes Angebot in einer unübersichtlich werdenden Welt – wie auch damals in einer Zeit, in der man sich gegen einen mit der Aufklärung einhergehenden, übersteigerten Vernunftglauben innerlich zur Wehr setzte. Übernatürliches, außergewöhnliche Phänomene und eben auch die seltsamen und als unerklärlich empfundenen Niederschriften Lorbers schienen hier entscheidende Hilfen für einen unter neuzeitlichen Bedingungen angefochtenen und heimatlos gewordenen Glauben zu bieten.
Zu Anfang dieses Jahrhunderts weiß Buchner, ein kritischer Lorber-

Freund, zu berichten: „Die Anhänger von Lorbers Schriften sind in allen Gesellschaftsklassen zu finden ...; es ist ein nicht organisiertes Lesepublikum, das nur in vereinzelten Fällen sich zu Gruppen zusammenrottet.“[67] Dabei klassifiziert er die Lorber-Freunde in „1. *Buchstabengläubige*. Diese nehmen alles für bare Münze und sind zumeist Fanatiker. Sie sind es auch, die eine öffentliche Propaganda anstreben und ihre Sache häufig so ungeschickt machen, daß sie Mißerfolg haben und die Lorberschen Schriften eher verdächtig und lächerlich machen, als ihnen Ansehen verschaffen ... 2. *Denkende Leser*. Solche nehmen die Schriften mit Überlegung auf und schaffen sich an Hand derselben eine Weltanschauung oder korrigieren ihre bisherige ... 3. *Praktische Mystiker*. Diese betreten selbst den Weg, den Lorber gegangen ist; sie suchen das ‚Innere Wort‘ als die Quelle auf und erwecken dadurch Christus in ihnen selbst.“[68]

Im Lauf der Zeit entstanden mit der Verbreitung der Lorber-Schriften vielerorts, auch im Ausland (z. B. Ungarn, England, Italien, Schweiz, USA) die sogenannten „*Neusalems-Kreise*“, die sich um das Schrifttum sammelten und es eifrig studierten. Heimbucher kann 1928 der Zeitschrift „Das Wort“ entnehmen, „daß schon an verschiedenen Orten Deutschlands und der Tschechoslowakei, ja (wie es scheint) selbst in Nordamerika ‚Neu-Salems-Kreise‘ oder ‚Geschwisterkreise‘ mit eigenen Monatsveranstaltungen bestehen, die teilweise von Georg Schön behufs Aufklärung und Bestärkung der ‚Freunde des Neuen Lichtes‘ besucht werden. Unter den Lesern der Zeitschrift werden Spenden gesammelt für eine neue Schnellpresse, für Neudrucke und eine *ungarische* Ausgabe der Werke Lorbers, für Preisermäßigung der Schriften Lorbers zur Abgabe an Unbemittelte, für ein eigenes Alters- und Erholungsheim, für eine Tatgemeinschaft und für ‚stille Not‘.“[69] Ein Versammlungsanzeiger aus dem Jahr 1930 nennt 50 verschiedene Orte, an denen zu „Versammlungen, Vorträgen und Andachten der Neusalemsgeschwister“ eingeladen wird[70]. Fünf Jahre später wuchs ihre Zahl auf gar 80 bis 100 an, wobei ihre Hauptverbreitungsgebiete Mitteldeutschland, Sachsen[71], das Erzgebirge, Schlesien[72], die Städte Berlin, Hamburg und Dresden waren[73]. Ein zeitgenössischer kritischer Beobachter weiß über ihr Eigenleben zu berichten: „In den Vorträgen, die allerorts gehalten werden, werden auch gesundheitliche und lebensreformerische Anweisungen gegeben. Auch Gottesdienste finden statt; Amtshandlungen nicht, da betont wird, daß gut kirchlich Gesinnte, auch Gemeindevertreter (!), zu den Anhängern des ‚Neu-

Salems-Lichtes' gehörten. In den Häusern der Geschwister trifft man Abreißkalender und christliche Bilder."[74] Das Verbot der Lorber-Gesellschaft im Jahre 1937 hatte auch für die einzelnen Lorber-Kreise repressive Maßnahmen zu Folge. Einzelne Lorber-Freunde wurden verhört, ihre öffentlichen Zusammenkünfte verboten.

Nach dem Krieg sank die Zahl der Lorber-Freunde drastisch. Die Teilung Deutschlands in Besatzungszonen erschwerte den Zusammenhalt insbesondere mit den lebendigen Kreisen in Sachsen. Im westlichen Teil Deutschlands konnten die Lorber-Anhänger an die frühere Tradition der Neusalems-Kreise anknüpfen und schlossen sich in einzelnen *Lorber-Kreisen* zusammen.

b) Die Rezeption der Lorber-Schriften heute

Der Einfluß der Lorber-Schriften reicht, wie *K. Hutten* feststellt, weit über den der Lorber-Kreise hinaus: „Man kann ihnen bei Kirchenmitgliedern ebenso begegnen wie bei Anhängern der UFO-Bewegung, bei medialen Offenbarungsträgern, in vegetarisch-lebensreformerischen Kreisen und in gnostisch-esoterischen Zirkeln aller Art."[75] Die Zahl der Lorber-Leser dürfte verhältnismäßig hoch sein. Schätzungen zufolge muß man mit einer Zahl von ca. 50.000 bis 100.000 Lesern weltweit rechnen[76]. Fraglich dabei bleibt jedoch, wer den Lorber-Anhängern zuzurechnen ist: lediglich Leser der Lorber-Schriften oder ausschließlich solche, die einem Lorber-Kreis angehören. So bemerkt der Ex-Geschäftsführer der Lorber-Gesellschaft Ruske: „Dies (d.h. die Anzahl der Lorber-Freunde im In- und Ausland; der Verf.) ist überhaupt schwer zu schätzen, da die Bezieher von Büchern oder Schriften nicht unbedingt schon Lorber-Freunde sind."[77] Selbst *Friedrich Zluhan*, der „Herausgeber des prophetischen Gesamtwerkes von Jakob Lorber" (so der Schriftzug auf dem Briefkopf des Lorber-Verlages) kann keine genaue Zahl nennen[78]. So muß die Anzahl der Lorber-Leser bzw. -Anhänger im dunkeln bleiben, doch die Gesamtauflage der Bücher Lorbers mit über einer Million Exemplaren[79] spricht für eine weite Verbreitung der Lorber-Schriften. Durch die neuen Aktivitäten der Lorber-Gesellschaft dürften etwas mehr Menschen mit der „Neuoffenbarung" in Kontakt kommen. Dennoch lassen sich genaue Zahlen nicht nennen. Lediglich die Auflagenhöhe der beiden Zeitschriften innerhalb der Lorber-Bewegung können einen gewissen Anhaltspunkt für Schätzungen abgeben. Prinzipiell muß bei den Lorber-

Freunden unterschieden werden zwischen einem engeren und weiteren Anhängerkreis. Letzterem Typus sind sog. *„Lorbersympathisanten"* zuzuordnen, die teilweise weit verstreut und eher zurückgezogen, bisweilen streng individualistisch, ihr religiöses Eigenleben pflegen. Es gibt dabei Lorber-Anhänger, die die Schriften sporadisch zu Rate ziehen, Impulse für ihr Weltbild und ihren persönlichen Glauben beziehen, aber auf die Lorberbücher nicht streng fixiert sind und ihnen daher vielfach kritischer gegenüberstehen als solche, die in einem „Geschwisterkreis" beheimatet und damit zum engeren Umfeld der Lorberianer zu rechnen sind.

c) Lorber-Studium in Freundeskreisen

Neben den bloßen „Lorber-Sympathisanten", die das „Neuoffenbarungswerk" mit je unterschiedlicher Intensität lesen und ihm zustimmen, gibt es auch Lorber-Freunde, die sich freiwillig zu „Freundeskreisen" zusammenschließen. Sie stehen damit in der Tradition der früheren „Neusalems-Kreise".
Meist handelt es sich um private Hauskreise, in denen gesungen, gebetet und das Lorber-Werk studiert wird. Bisweilen wird „auf Wunsch" in manchen Zirkeln das Abendmahl als Gedächtnismahl gefeiert. Zusätzlich wird zu monatlichen, öffentlich stattfindenden Zusammenkünften eingeladen (v. a. in größeren Städten: Hamburg, München, Graz). Dabei sollen die Vorträge Einblick in die Themenvielfalt der Neuoffenbarung Lorbers geben und Interessierte ansprechen. Offiziell existierten im Jahr 1993 in etwa 14 Städten Deutschlands sog. „Freundeskreise"[80]. Demzufolge treffen sich regelmäßig Lorber-Freunde zum gemeinsamen Neuoffenbarungsstudium in Berlin, Bietigheim, Bonn, Chemnitz (dort existiert ein *„Kinder- und Jugendkreis der Neuoffenbarung"*), Dresden, Hamburg, Hausham/Obb., Karlsruhe, Hoyerswerda, München, Nürnberg, Speyer, Stuttgart und Wiesbaden. Wie sich einzelnen Mitteilungen des Lorber-Verlages entnehmen läßt, bestehen weitere Kreise in Bremen, Freiburg, Verden und Bad Homburg. Nach Wissen der Lorber- Gesellschaft existieren Freundeskreise überwiegend in den alten Bundesländern, v.a. in Hessen, Niedersachsen und Niederbayern. Auch in der ehemaligen DDR gab es einzelne „Versammlungsorte" (Görlitz, Magdeburg, Cottbus; zahlenmäßig am stärksten dürften nunmehr die Kreise im Großraum Dresden, Görlitz-Bautzen-Hoyerswerda vertreten sein[81]). Im Aus-

land finden sich Lorber-Kreise in Österreich (Innsbruck und Graz)[82], in der Schweiz (Luzern und Thun), in Italien (Padua und Triest) sowie in Frankreich, Luxemburg, England, USA und Australien. Ein vollständiges Erfassen der Kreise ist unmöglich, da viele von ihnen ein zurückgezogenes Eigenleben führen, so daß nicht einmal die Lorber-Gesellschaft selbst einen genauen Überblick über deren genaue Zahl hat. Die Ursache für die „weite Zerstreuung und Zurückhaltung" der Neuoffenbarungsfreunde sieht das Mitglied der Lorber-Gesellschaft Gerhard Lamprecht vor allem in der „weithin vorhandene(n) Ablehnung durch kirchliche Institutionen und deren Amtsinhaber."[83] Die Lorber-Gesellschaft will die Zahl der Kreise vergrößern, um dadurch „das Verständnis für den Inhalt der Neuoffenbarung zu vertiefen und den geistigen Austausch unter Geistesfreunden zu fördern."[84] Zudem werde es möglich, „sich in einem Freundeskreis oder Geschwisterkreis in der Bereitschaft zu üben, sich unmittelbar und direkt der Forderung des Wortes Jesu in selbsterkennender Demut und Gehorsam zu stellen"[85]. Dies sei, wie es weiter heißt, „von großer Bedeutung und ein grundsätzliches Element seelischer und geistiger Entwicklung"[86]. Zusätzlich möchte man der Vereinzelung von Lorber-Freunden entgegenwirken: „Aus der Isolation sollten wir herauskommen und beginnen, die Möglichkeit des gemeinsamen Zusammenwirkens zu suchen und zu nutzen, in Betrachtung und Gedankenaustausch des Wortes Jesu in Seiner Neuoffenbarung und dem daraus entstehenden Spannungsfeld. So können wir die erforderliche Selbständigwerdung und Standfestigkeit erreichen, die im Festhalten an Jesus, unserem himmlischen Vater, besteht, und jenen inneren Mut entwickeln, der uns die Hemmschwelle überwinden läßt, sich der ‚Welt' gegenüber als Nachfolger Jesu zu bekennen."[87] Daraus wurde ein leidenschaftlicher Aufruf zu einem umfassenden Zusammenschluß der Lorber-Freunde weltweit. Alles sollte dazu dienen, „um das Zusammenschließen und Sammeln der Herde des Herrn Jesus, unseres Vaters voller Güte und liebevoller Wahrheit, zu fördern... Es ist die Zeit, von der der Herr sagt, daß wir unsere Augen aufheben sollen, da sich unsere Rettung naht. Sollten wir uns da nicht zusammenfinden und gemeinsam dieses Aufheben unserer Augen auf Ihn in Freundes- und Geschwisterkreisen in der Freude des Herzens üben? Liebe Freunde, überwindet die individuellen Hemmnisse bisher gepflegter geschwisterlicher Nestwärme und lasset noch außenstehende, aber suchende Geschwister hinzukommen, damit die Herde des einen Hirten Jesus Christus einiger und fester gefügt würde."[88]

Damit läßt sich insbesondere bei der Lorber-Gesellschaft die Tendenz beobachten, die Arbeit an der Basis in Form der Aktivierung von Geschwisterkreisen zu intensivieren. Den Kreisen wird dabei ein fast schon quasikirchlicher Charakter zugesprochen. Es geht um die Sammlung der „Neuoffenbarungsherde" in der Endzeit. Jeder Kreis hat einen Leiter, der eingehend mit den Schriften Lorbers vertraut ist. Er organisiert die Zusammenkünfte, hält Vorträge und pflegt den Kontakt zur Lorber-Gesellschaft, wenn er ihn wünscht. Viele der Freundeskreis-Leiter sind auch zugleich berufene Mitglieder der Lorber-Gesellschaft. Ein Lorber-Freund fordert: „In einem Freundeskreis . . . sollte der Betreuer die Stellung eines Ersten unter Gleichen einnehmen oder wie die Römer zu sagen pflegen ein ‚primus inter pares'."[89] Für so manchen ist in der Institution eines Lorber-Zirkels ein Hauch von Urchristentum spürbar: „Ist nicht schon von den ersten Christen überliefert, daß soviele das Wort annahmen . . ., zusammenblieben in der Lehre der Apostel oder auch in der Lehre der Botschaft, die uns der himmlische Vater in Jesus durch Jakob Lorber geschenkt hat, und in der Gemeinschaft?"[90] Das Brotbrechen als ein weiteres, hinzukommendes Kennzeichen urchristlichen Gemeindelebens (Apg 2,42) wird hier geflissentlich übergangen, da die sakramentale Praxis in der „Neuoffenbarungsgemeinde" eher als irrelevant betrachtet wird. Höherer Wertschätzung erfreut sich in Lorber-Kreisen das „göttliche Wort" der Neuoffenbarung. Es kommt zum „Neuoffenbarungs-Verbalismus". So wird aus einem Lorber-Zirkel „ein Ort, wo sich das Heil *und* das Geheimnis Gottes in seinem Wort eröffnen kann."[91]

Ein Lorber-Individualismus mancher „Geistesgeschwister" genügt offenbar nicht; denn: „Wo anders als in einer lebendigen Gemeinschaft, wie sie sich entwickeln kann unter Geschwistern und Freunden, die den himmlischen Vater liebend sich bemühen, Seinen Willen zu tun, kann der Freiraum entstehen, in dem wir, in regem Austausch von Zuspruch und Ermunterung, Gedanken und Fragen, uns erkennen als solche, die das göttliche Leben, das uns umströmt, eifrigst sammeln und in uns zu festigen (sic!)."[92] Eine feste Mitgliedschaft in einem Lorber-Kreis besteht für den einzelnen nicht, geschweige denn eine normative Lorber-Lehre. Schon hier zeigt sich ein Indiz für einen möglichen und nicht zu begrenzenden Pluralismus unter den Lorber-Freunden, der eine typisierende Beschreibung der Lorber-Kreise unmöglich macht. Die Folgen, die dieses breite Meinungsspektrum für interne

Diskussionen in der Lorber-Bewegung hat, werden sich an anderer Stelle noch deutlich zeigen. Bislang war die Intention, eine feste, in sich geschlossene religiöse Gemeinschaft zu bilden, nicht gegeben. Bei der Lorber-Gesellschaft zeigt sich neuerdings das eifrige Bemühen, die Lorber-Freunde stärker als bisher zu sammeln und ihnen eine aktivere Rolle als bisher für die Verbreitung der Neuoffenbarung beizumessen.

Dem Selbstverständnis nach möchte man allerdings eine Gesinnungsgemeinschaft derer bleiben, die die Lorber-Schriften geistig zu durchdringen suchen. Dies alles soll den persönlichen Glauben vertiefen und zu einem praktischen Christsein im Sinne der „Neuoffenbarung" führen.

Im Lorber-Zirkel ist man unter sich. Die „Neuoffenbarung" wird nicht angezweifelt oder hinterfragt. Dies weiß ein Lorber-Freund zu würdigen: „So mancher scheint zu den Lorber-Freunden gestoßen zu sein . . ., weil er dort gehört oder schon selber gespürt hat, daß dort in diesen kleinen, locker verbundenen Kreisen und Gemeinschaften liebevollere Christen anzutreffen sind als anderswo oder weil dort eine bessere Atmosphäre herrscht, tiefgehendere Erkenntnisse zu finden sind oder eine größere Glaubensseligkeit zu erwarten ist"[93]. Doch auch Erwartungen werden an ein Mitglied eines Freundeskreises gestellt: „Früher oder später aber wird er merken, daß dort auch Anforderungen gestellt werden. Und kommt er diesen nicht nach, wird er sich mit der Zeit nicht mehr wohlfühlen und sich wieder zurückziehen. Diese Anforderungen aber sind das Umdenken und die ernsthafte Hinkehr zu einer sittlichen und moralischen Lebenseinstellung, wie sie das Evangelium und die Neuoffenbarung lehrt (sic!)."[94] Derjenige, der einem Freundeskreis zugehört, soll sich – so die Auffassung – „die *Grundbegriffe* und die *inneren Wahrheiten* Seines Wortes (d.h. Gottes; der Verf.) und Seiner Lehre als grundlegende Überzeugung"[95] aneignen. Praktisch heißt das: intensives Studium der „Neuoffenbarung Lorbers" und ihrer Ergänzung durch die „Wortträger" L. Engel, G. Mayerhofer, G. Riehle und J. Ladner. In dieser Frage scheint zumindest ein Konsens vorzuherrschen, während es innerhalb der „Geschwisterkreise" wegen der Vielzahl unterschiedlicher Lorber-Interpretationen häufig zu Meinungsverschiedenheiten gekommen ist. Umstritten ist ebenso die Einschätzung aktueller neuer Offenbarungen, die in einzelnen Geschwisterkreisen gläubig aufgenommen und rezipiert werden.

d) Missionseifer für die „Neuoffenbarung"

Nach den Worten der Lorber-Freunde enthält die „Neuoffenbarung"
Lorbers „unvergleichlich tiefsinnige Eröffnungen" über das Wesen
Gottes, den Kosmos, den Sinn und das Ziel menschlicher Existenz im
Heilsplan Gottes, in dem – wie immer wieder betont wird – der
Mensch nicht verloren, sondern schon unterwegs ist auf dem Heimweg
in das göttliche Vaterhaus. Daher möchte man auch andere Menschen
auf das Lorber-Werk hinweisen – gemäß der Anordnung des Lorberschen Jesus in den „Himmelsgaben": „Mache, daß sie (d.h. die
„Neuoffenbarung"; der Verf.) bald in die Hände vieler gelangt"[96]. Neben den eher großangelegten Werbekampagnen des Lorber-Verlages
und der Lorber-Gesellschaft, über die zuvor berichtet wurde, gab und
gibt es auch immer wieder Einzelinitiativen engagierter Lorberianer
zur Verbreitung des „göttlichen Wortes". Hierzu zählten in der Vergangenheit die Gründung von *Lorber-Bücherstuben*, die den örtlichen
Vertrieb der Neuoffenbarungsliteratur ermöglichen sollten, aber
nicht lange bestehen konnten. Eine *Leihbibliothek* der Lorber-
Freunde in der Schweiz (CH-3645 Thun, Schorenstr. 30a) scheint sich
dagegen etabliert zu haben. Die der Lorber-Bewegung offenbar nahe-
stehende Augsburger Leihbücherei *Aktionsgruppe Christopherus*
(Krautgartenweg 2 1/3) stellt den Neuoffenbarungsfreunden ebenfalls
Lorber-Schriften kostenlos zur Verfügung.
Breite missionarische Aktivitäten der Lorberianer bilden eher die
Ausnahme. Denn nach Rinnerthaler kann festgestellt werden: „Der
Anhänger von Lorbers Neuoffenbarung entwickelt meist keine Ambitionen, für diese persönlich in der Öffentlichkeit missionierend aufzu-
treten."[97] Stattdessen bevorzugt der Lorber-Anhänger zur Werbung
bei religiös offenen Menschen meist kleineres Schrifttum oder die bereits genannten Einführungswerke. Immer wieder berichten Lorber-
Freunde in den internen Publikationen von „ihrem Weg zur Neuoffenbarung Lorbers". Meist erfolgt die Begegnung mit dem Schrifttum
über persönlichen Kontakt. Ein Buch wird ausgeliehen, ein Schrift-
chen verteilt. So werden immer wieder Menschen für die „Neuoffenbarung" gewonnen. Diese Initiativen geschehen mehr im Privaten, im
Freundes- oder Bekanntenkreis. Der Lorber-Freund gibt sich in der
Regel eher zurückhaltend. Entdeckt er beim anderen aber Offenheit
für religiöse Fragen, wird das Gespräch, wenn erst einmal eine „ver-
trauliche Atmsophäre" zustande gekommen ist, sehr schnell auf das
Gedankengut des Lorber-Schrifttums gelenkt.

Häufige Verwendung fand dabei das Büchlein von Kurt Eggenstein. Sehr schnell merkte man, daß eine beständige Lektüre des sehr umfangreichen und teilweise doch recht weitschweifigen Schrifttums Lorbers kaum auf Interesse stieß, so daß man Interessenten jenes leicht lesbare Bändchen zukommen lassen konnte. Allerdings gab es auch von Lorber-Freunden eine eigens entwickelte Werbestrategie. Mit Kleinanzeigen in der örtlichen Tagespresse sollten aufgeschlossene Leser angesprochen werden, doch das Echo blieb gering. Ein Lorberianer nennt einen ganzen Maßnahmenkatalog zur Verbreitung der „Neuoffenbarung". Er schlägt dabei folgendes vor[98]: Verteilung von Traktaten des Lorber-Verlages, Inserate in Studentenblättern mit der Angabe einer „lokalen Kontaktadresse" für ein mögliches persönliches Gespräch, Verfassen von Leserbriefen in diversen religiösen oder grenzwissenschaftlichen Zeitschriften, das Auslegen von Verteilschriften in Telefonzellen, Kapellen oder Kirchen, Abgabe einzelner Schriften an den Pfarrer, der dabei als „Multiplikator" dienen soll.

Generell möchten die Lorber-Freunde suchende Menschen auf die Neuoffenbarung hinweisen, da man in ihr die Beantwortung der menschlichen Sinnfrage schlechthin und zugleich eine praktische Anleitung für die persönliche Lebensgestaltung gefunden zu haben glaubt. Die jenseitigen Eröffnungen werden damit zu einem „kostbaren Schatz", an dem man auch andere Anteil haben lassen will. So schwärmt ein überzeugter Lorberianer: „Wenn man beim Lesen der Neuoffenbarung erst einmal erkannt hat, um welch ein herrliches (sic!) es sich hierbei handelt, in dem wir Jesus, unseren Vater im Himmel, kennen und lieben durften, da möchte man am liebsten allen Mitmenschen von der Neuoffenbarung erzählen und ihnen die Bücher zu lesen geben."[99]

Über den oft ausbleibenden Erfolg einer „persönlichen Werbeaktion" klagt das Mitglied der Lorber-Gesellschaft *Carl Zimmer:* „Wenn wir in unserer Begeisterung über diese herrlichen Kundgaben unsere nächsten Mitmenschen mit dem Werk bekannt machen wollen, müssen wir oft erleben, daß dieselben nicht daran denken, mit uns einig zu gehen. Im Gegenteil, wir werden ausgelacht, als ,Spinner' angesehen oder bekommen gar den ,Vogel' gezeigt!"[100] Doch Zimmer tröstet sich: „Allmählich müssen wir einsehen, daß nur der, der innerlich vorbereitet ist oder der uns zugeführt wird, reif ist für die Aufnahme des wahren Wortes Gottes, wie Lorber es niederschreiben durfte."[101]

Dennoch zeigt ein von Rinnerthaler ausgewerteter Fragebogen[102], den 62 Lorber-Freunde beantworteten, daß die Befragten überwiegend durch persönliche Empfehlung/Anrede mit den Lorber-Schriften in Berührung kamen. Die Durchsicht persönlicher Zeugnisse belegt dies immer wieder.

Sicherlich gibt es bei den Lorber-Freunden unterschiedliche Einstellungen. Manche entwickeln keinerlei Ambitionen, werbend für die Lorber-Schriften einzutreten. Sie bewegen sich viel lieber unter Gleichgesinnten: „Hier – in der Vertrautheit und Abgeschlossenheit des kleinen Kreises – können sie sich über die Geschichten von den winzigen Mond- und riesigen Saturnmännchen ungehemmt freuen, ohne die Gefahr einzugehen, ‚von der Gesellschaft‘ für total verrückt erklärt zu werden. Für die Missionierung gibt es ausgeklügelte Mechanismen, die dem Lorberianer erlauben, für die ‚Neuoffenbarung‘ zu werben, ohne daß er selbst Farbe bekennen muß . . . Hier funktioniert die Schweigespirale. Aber es gibt andererseits auch solche Lorberianer, die bewußt gegen diese fiktive Spirale schwimmen. Solche, die das Risiko der Isolation auf die leichte Schulter nehmen und massiv für die Sache Lorber missionieren."[103]

Dem letztgenannten Typ ist besonders Kurt Eggenstein zuzuordnen. Mit seinen Büchern veranstaltete der Ex-Lorber-Gesellschafter immer wieder breitangelegte Werbefeldzüge. So versandte er beispielsweise 80 Exemplare an diverse Zeitungsredaktionen in der Hoffnung, diese würden seine Werke rezensieren, um dadurch auf den „Neuoffenbarer" Lorber aufmerksam zu werden und zu ihrer Publizität beizutragen. Eggenstein erhielt rundum nur Absagen. Die Einzelexemplare wurden meist kommentarlos zurückgesandt. So sah er sich in seinen Gedanken bestärkt: „Wir Lorberfreunde, und insbesondere die Verbreiter, sind heute in einer ähnlichen Weise von einer feindseligen Umwelt umgeben wie die Christen in den ersten Jahrhunderten."[104]

VI. Lorber-Bewegung und Kirche

1. Die Aussagen bei Lorber

Noch nie war es die Absicht der Lorber-Freunde gewesen, eine selbständige Kirchengemeinschaft mit eigenem Gottesdienst oder Kultus zu gründen. Etwaige Tendenzen, sich zu einer „schlagkräftigen Bewegung" zu formieren, wurden immer strikt abgelehnt.

Der langjährige Mitarbeiter des Lorber-Verlages *Viktor Mohr* schrieb im Jahre 1963: „Jede äußere Gemeinschaftsbildung religiöser Natur birgt die Gefahr des Abgleitens ins Sektentum in sich. Selbst wenn sie sich freihält von einem Dogmatismus höherer Art, würde z. B. der organisatorische Zusammenschluß zu ‚Lorber-Gemeinden' dem inneren Geiste des Werkes widersprechen . . . Aus dem gleichen Grunde können Vorschläge zur Bildung von *äußeren* Gebetsgemeinschaften – womöglich zur Rettung der Menschheit vor dem Weltgericht – nicht bejaht werden . . . Sie rufen: ‚Hundert Jahre Lorber und noch immer keine schlagkräftige Gemeinschaft!' – und ahnen nicht einmal, daß sich im Jenseits längst eine wirksame ‚Sphäre' um das innere Licht Lorbers gebildet hat. Nennen wir es ruhig einen geistigen ‚Lorber-Verein', weil ja auch der HERR alle Gemeinschaften im Großen Himmelsmenschen ‚Vereine' nennt. Und da diese Vereinigung einstiger und heutiger Gottsucher, die sich am Inneren Wort Lorbers zur Gotteskindschaft emporranken, gewiß hochgesegnet ist, empfangen wir Erdenpilger von drüben auch für unsere weltliche Arbeit gewaltige Hilfe übersinnlicher Art. Die geistige Sphäre ist es, die das irdische Lorberwerk in erster Linie trägt und ihm immer stärker den Weg bahnen wird, je mehr die Menschheit für die ewige Wahrheit transparent zu werden beginnt."[1] Im Diesseits will man keine Sekte sein.

Bei Lorber zeigt sich kein allzu großes Interesse an der verfaßten Kirche. Sie wird als „äußerlich" bezeichnet. Die Forderung des Lorberschen Jesus weist in Richtung einer „verinnerlichten Kirche" im Herzen des Menschen: „Sage es den Kindern, und sage es allen, *sie mögen sein, welcher Religion sie wollen* – ob Römische, ob Protestanten, ob Juden, ob Türken, ob Brahmi, ob finstere Heiden –, kurz *für alle soll es gesagt sein:* Auf der Erde gibt es nur eine wahre Kirche, und diese ist die Liebe zu Mir in Meinem Sohne, welche aber ist der heilige Geist in euch und gibt sich in euch kund durch Mein lebendiges Wort, und dieses Wort ist der Sohn, und der Sohn ist Meine Liebe und ist in Mir und Ich durchdringe Ihn ganz, und Wir sind eins, und so bin Ich in euch, und eure Seele, deren Herz Meine Wohnstätte ist, ist die alleinige wahre Kirche auf der Erde. In ihr allein ist ewiges Leben, und sie ist die alleinseligmachende ... Oder meinet ihr denn, Ich wohne in den Mauern, oder in der Zeremonie, oder im Gebete, oder in der Verehrung? O nein, ihr irret euch sehr, denn da bin Ich nirgends, – sondern nur, wo die Liebe ist ... Daher gehet zuvor in die wahre Kirche, da Leben innen ist, – dann erst in die tote, damit sie lebendig wird durch euch."[2]

Die Kirche als Gemeinschaft der Glaubenden spielt eine nur untergeordnete Rolle. Das Verhalten des einzelnen steht im Mittelpunkt der Jenseitsbotschaften. Aus dieser Sicht spielt es keine Rolle mehr, ob man Heide, Christ oder anderen Bekenntnisses ist. Das Lebensmotto „Üb' immer Treu und Redlichkeit" scheint für ein gelingendes Leben nach der Aussage des Lorberschen Jesus zu genügen: „Sei er aber, was er wolle, so sei er ein *werktätiger Christ*, und das im *Geiste* und in der *Wahrheit!*"[3]

Ein Kirchenaustritt wird allerdings nicht gefordert – im Gegenteil, er wird in Lorbers Schriften scharf verurteilt. Im Unterschied zu den Neuoffenbarungen des Würzburger *Universellen Lebens* oder zu den Tieftrance-Kundgaben von E. Bertschinger-Eicke alias „Uriella" vom *Orden Fiat Lux*, die beiderseits von einer gesteigerten Aggressivität gegenüber den christlichen Kirchen geprägt sind, fordern Lorbers Schriften Treue zur Kirche. So heißt es in dem Büchlein „Der Weg zur geistigen Wiedergeburt": „ICH (der Herr) werde den mit zornigen Augen ansehen, welcher seine irdische Glaubensmutter verlassen wird, und es soll ihm dereinst nicht viel besser ergehen als einem wahnsinnigen Selbstmörder. Denn, da ihr doch einen Leib habt, durch welchen die ersten Eindrücke zur Seele gelangen und dieselbe nähren, so muß es ja auch eine äußere Speisekammer geben, die die äußere Kirche ist ... So bleibe denn ein jeder getreu seiner Kirche ... Daher folget eurer Kirche in ihrem Begehren, und lasset eure Herzen von Mir ziehen, – dann werdet ihr sehr bald zum Leben der Gnade und dadurch zur Wiedergeburt des Geistes gelangen und eure äußere Kirche beleben in eurem Leibe."[4] Wenngleich in den Schriften Lorbers im allgemeinen kein kirchenfeindlicher Geist spürbar wird, so sind die Worte in den „Himmelsgaben" über die katholische Kirche zur Zeit Lorbers deutlich: „Sehet, sie, die Römerin, ist dasjenige ehebrecherische Weib, welches da hätte gesteinigt werden sollen ... Wieder ist sie

das kanaanitische Weib und hat einen großen Glauben und viel Liebe
... Und wieder ist sie gleich der großen Hure und hernach Büßerin
Magdalena, die da Meine Füße salbte. – Unter allen diesen Gestalten
kann die römische Kirche auftreten."[5]

Den Grund für diese herbe Kritik Lorbers an der zeitgenössischen
Kirche, der er zeitlebens angehört hatte, möchte Uhlmann[6] dessen
„prophetischem Amt" zuschreiben, das Gott ihm zugeteilt hatte. Somit wird der „Schreibknecht Gottes" zu einer den altestamentlichen
Propheten vergleichbaren Persönlichkeit hochstilisiert. Abgelehnt
wird vom Lorberschen Jesus die geistlose Steinkirche; gefordert wird
die wahre Kirche im „Herzenskämmerlein" des Glaubenden: „Ich
aber stehe höher und tiefer denn jede Kirche. Darum sehet auf Mich,
die ihr Mich nun schon ein wenig erkannt habt in euren Herzen, dann
werden eure Ohren nimmer belästigt werden von dem kirchlichen
Zähnegeklapper. Denn die *reine Liebe,* welche die *alleinige Kirche* ist
durch den lebendigen Glauben und durch das lebendige Wort, klap-
pert nicht."[7] In Lorbers Schriften wird ein Kirchenaustritt mit dem
Verlassen einer kranken Mutter verglichen. So sagt der Jesus dieser
„Neuoffenbarung": „Ich sage, die römische Kirche ist eine Hure; aber
ihr seid denn doch in ihr geboren worden und habt die erste Kinder-
milch aus ihrer Brust gesogen. Sie lehrte euch zuerst Meinen Namen
nennen, nährte euch wie eine recht zärtliche Mutter und untersagte
euch nur das Naschen solcher Speisen, die euch den Magen verdorben
hätten. Sie weckte dadurch in euch den Appetit zu kräftigeren Speisen
der Seele und des Geistes, welche nach Meinem Willen euch nie vorenthalten wurden"[8]. Im folgenden kritisiert er die Reformatoren wegen ihres „Verstandesdenkens" und anempfiehlt ihnen christliche Mystiker (Johannes vom Kreuz, Thomas von Kempen). Von ihnen könnten, wie er an gleicher Stelle bemerkt, die „namhaftesten Prostestan-
ten noch vieles lernen". – Für einige der Lorber-Freunde werden nicht
selten die kirchenkritischen Passagen der „Neuoffenbarung" zum An-
laß, der Kirche den Rücken zu kehren. Uhlmann verurteilt diesen
Schritt mit harten Worten: „Wer nun aber die herben Worte der Kritik
(im Werk Lorbers; der Verf.) an diesen Mißständen mißdeutet und
zum Vorwand für seine eigenen antikirchlichen Affekte in heutiger
Zeit benutzt, der hat die Prophetie Jakob Lorbers nicht verstanden
und klebt am Vordergründigen."[9]

2. Die Kirchenkritik Kurt Eggensteins

In Eggensteins Schriften werden die Kirchen zur Zielscheibe massiver Kritik, da sie sich weigerten, die Kundgaben Lorbers als *Neuoffenbarung* anzuerkennen. Zugleich lassen sich in den geäußerten Pauschalvorwürfen sektenspezifische Argumentationsmuster feststellen. In seinen auch unter Lorber-Freunden nicht unumstrittenen Behauptungen, die ihm zuletzt heftige Konflikte mit der Lorber-Gesellschaft eintrugen, spiegelt sich oft ein absurd wirkendes Gedankengut wider: Die Kirche habe das biblische Zeugnis verfälscht, wobei ihr die Verantwortung für historische Unstimmigkeiten in den Texten zugeschrieben wird[10]. Daher ist es nicht verwunderlich, wenn er die moderne Bibelauslegung, die historisch-kritische Exegese, verwirft, und ihr gar unterstellt, sie zerstöre den Glauben. Demgegenüber wird die Neuoffenbarung in besonders leuchtenden Farben vorgeführt. Sie sei – so Eggenstein – die Erläuterung und Ergänzung des Evangeliums, ja sie sei sogar „Heilsbotschaft": Durch sie offenbarte Jesus seinen Jüngern Geheimnisse der Schöpfung, die diese zunächst nicht weitergeben durften. Es handelte sich dabei um eine Art esoterische Lehre, die nur den Eingeweihten, den Jüngern, vorbehalten war. Doch nun mache Jesus selbst all diese Geheimnisse kund: in der Neuoffenbarung Jakob Lorbers.

Eggenstein vergleicht die Person des „Schreibknechts" gar mit der Person des Amos, der schon damals mit seiner Botschaft von den führenden „Theologenkreisen" abgelehnt worden sei. Für die Zukunft ist Eggenstein allerdings optimistisch: „Während in früheren Jahrhunderten die katholische Kirche die Offenbarungen stets in ihrem Sinne veränderte oder unterdrückte, wird sie im Falle der Neuoffenbarung deren Verbreitung unter den Menschen nicht verhindern können"[11].

Eggenstein, der bis 1988 berufenes Mitglied der Lorber-Gesellschaft gewesen war, dürfte sicherlich mit seiner offensiven Werbemethode ein Extremfall unter den Lorber-Freunden sein. Wie aus der Zeitschrift „Geistiges Leben" hervorgeht, versucht er für seine Ziele immer wieder Anhänger zu gewinnen und bittet recht häufig um Spenden für die Verbreitung seines Buches, das er als *das* geeignete Werbemittel für das Lorbersche Schrifttum ansieht.

Seine aggressiven Töne gegenüber der (insbesondere katholischen) Kirche werden von vielen Lorber-Freunden nicht mitgetragen. Seit seinem Ausschluß aus der Lorber-Gesellschaft (1988) haben die Spannungen mit dem Bietigheimer Verein zugenommen. So kritisierte Eggenstein in einem an die Lorber-Freunde versandten Rundschreiben heftig die Arbeitsweise der Lorber-Gesellschaft und hatte dabei neben Carl Zimmer besonders den geschäftsführenden Vorsitzenden Peis im Visier[12]. Er beklagte die fehlende Unterstützung der Bietigheimer für sein Buch und stellte fest, daß deren Arbeit insgesamt ineffizient sei. Spendengelder würden verschleudert, dem Widersacher würde in die Hände gearbeitet[13]. Eggenstein startete daraufhin sein eigenes Projekt, warb um Spenden für sein Buch, richtete gar ein eigenes Konto ein und umging damit die Lorber-Gesellschaft, was diese nicht unwidersprochen hinnehmen konnte[14]. Seit dieser Zeit ist nicht nur das Verhältnis Eggensteins zum Lorber-Verlag, sondern auch das zur Lorber-Gesellschaft unwiederbringlich zerrüttet. Der inzwischen hochbetagte Eggenstein alias Kirchgässer beschreitet nunmehr eigene Wege zur Verbreitung der „Neuoffenbarung" in Form verschiedener Neuauflagen seines Buches, für das er immer wieder Verleger findet.

3. Die Vorwürfe Rainer Uhlmanns

Wenngleich das Werk des Lorber-Anhängers Uhlmann gemäßigter als das Buch Eggensteins erscheint, gibt es hier ebenfalls deutliche Kirchenkritik. Die „Neuoffenbarung" wird als Kriterium für die Beurteilung der kirchlichen Lehre und Praxis herangezogen. So kommt Uhlmann zu der Überzeugung, daß viele Teile der kirchlichen Lehre unhaltbar seien und nennt besonders die Trinitätslehre sowie die – angeblich als „Dogma" formulierte – Lehre von der ewigen Verdammnis. Als weiteren Kritikpunkt führt Uhlmann an, daß die Kirche sich in zu hohem Maße modernistischen Tendenzen anpasse. So kommt er zu dem Ergebnis: „Was die Situation der Kirche in der gegenwärtigen Zeit betrifft, so müssen wir leider feststellen, daß der Zeitgeist ... auch vor den alten Bollwerken der Kirche nicht haltmachte. Die erste große Liebe erkaltete in vielen Herzen und man vertraute mehr und mehr nur noch der eigenen Vernunft, dem verhirnten Denken. Die Menschheit und in ihr viele Christen und sogar Theologen wurden blind für die geistige Welt, das verkürzte mechanistisch-materialistische Denken griff um sich, und damit kam es auch zur Leugnung der Seele."[15] Als Zielscheibe seiner Kritik dienen dabei die Entmythologisierung und Ideologisierung des Glaubens. Als bedrohlich empfindet

Uhlmann die „große Zahl indoktrinierter Nachwuchstheologen" (offenbar solche, die dem Lorberschen Schrifttum kritisch gegenüberstehen), die er als willfährige Vertreter einer kirchlichen Lehrposition betrachtet. Es ist zu beobachten, daß auch Uhlmann zu Rundumschlägen neigt. Eine solch überaus heftige Reaktion läßt sich offenbar nur so erklären, daß die Verbitterung über die kirchliche Ablehnung der „Neuoffenbarung" Lorbers bei ihren Anhängern doch sehr groß sein muß. Die Geschichte der christlichen Kirchen beurteilt Uhlmann in sektiererischer Manier als einen Prozeß des Abfalls vom wahren Ursprung. Den gegenwärtigen Hauptfeind identifiziert er im derzeit herrschenden „Materialismus", dessen Einfluß überall in der Welt zu erkennen sei. Eine „geistige Sonnenfinsternis" habe sich eingestellt. Den Beitrag der Lorberschen Kundgaben sieht Uhlmann darin, daß dadurch das innere Glaubensleben vertieft werden könnte. Eine neue Herzensfrömmigkeit werde möglich, der kirchliche Glaube könne durch die „Neuoffenbarung" wertvolle Impulse erhalten, um so ein Bollwerk gegen Atheismus und Materialismus zu bilden.

Die kirchliche Relevanz der Lorber-Werke wird immer betont und ihre Anerkennung stets angemahnt. Nach Uhlmann sollen die Niederschriften Lorbers die Bibel nicht ersetzen, sondern „aufschließen": „Im Gegenteil, diese für unsere Zeit bestimmte Prophetie soll die Heilige Schrift als Gottes Wort dem heutigen Menschen in einer Weise verständlich machen, wie es in früherer Zeit, die für vieles noch nicht reif war, noch nicht möglich war."[16] Das hieße dann doch, daß die Niederschriften Lorbers der Schrift nicht ebenbürtig sind, sondern gerade als Menschenwort bzw. als Interpretation der Wahrheit vom biblisch-christlichen Zeugnis her beurteilt werden müssen. Für die Lorber-Freunde gilt – das zeigt sich an vielen Stellen – die „Neuoffenbarung" Lorbers als hermeneutischer Schlüssel für die Heilige Schrift. Das heißt: Die Bibel wird vom geoffenbarten Jenseitswissen ausgehend interpretiert und ergänzt. Bei unklaren oder strittigen Stellen folgt man indessen eher Lorber als der Bibel. Repräsentativ scheint dafür der stark apologetisch gefärbte Artikel der österreichischen Lorber-Freundin *Margarete Eckl* zu sein, die die Lorber-Freunde vor dem Vorwurf, eine Sekte zu sein, schützen will: „Unsere Grundtendenz ist nicht Absonderung, sondern Annäherung, und wir sind überzeugt, daß die Kirchen in nicht allzu ferner Zeit die göttliche Botschaft der neuen Offenbarungen als das erkennen werden, was sie ist … Wir haben auch keine neue Lehre, sondern das Evangelium Jesu Christi, also die Hl. Schrift, nur mit dem Unterschied, daß wir nicht die von Modernisierern und Entmythologisierern verfälschte, entschärfte und dem Zeitgeist angepaßte Auslegung der Bibeltexte weitergeben, sondern wir verbreiten das Gotteswort in der von Jesus Christus selbst übermittelten, gereinigten, vervollständigten und dem Urchristentum entsprechenden Offenbarung."[17] Angeblich würden die Neuoffenbarungsgläubigen, anders als Christen im kirchlichen Kontext, unmittelbar Gott sprechen hören, sie würden durch seinen Geist im Menschen gar belehrt[18]. Wie es heißt, genüge das bloße Bibelstudium nicht; es wird als einseitig und für das geistliche Leben eher als hinderlich bewertet[19]. Das Schwergewicht wird auf die Nähe des göttlichen Geistes gelegt. Er schließe, wie es heißt, die Schrift auf, erkläre Unverständliches in ihr und enthülle Geheimnisse. Man sieht daher in den Kundgaben Lorbers dementsprechend „göttliche Bibelkommentare" und betrachtet sie sodann als „Führungs- und Unterweisungswort für die kommende Zeit". Demgegenüber – so die reformatorische Grundentscheidung des sola scriptura – hat allein die Bibel die Richtschnur für den Glauben zu gelten. Hier gibt es einen unüberbrückbaren Dissens mit den Lorber-Freunden. Für eine Einschätzung aus evangelischer Sicht bedeutet das: Von der Bibel her muß die „Neuoffenbarung" Lorbers wie jede andere „Tradition" beurteilt werden. Die Heilige Schrift ist und bleibt Maßstab verantwortlichen kirchlichen Redens und bedarf keiner ergänzenden oder etwaiger den biblischen Büchern gleichgeordneter Grundlagen. Bei beiden Autoren fällt auf, daß sie ihre Kritik insbesondere an der katholischen Kirche ausrichten. Wie auch schon zur Zeit Lorbers bleibt sie heutzutage ebenfalls im Visier polemischer Kritik.

Eggenstein und Uhlmann haben, und das darf nicht unterschätzt werden, sicherlich in der Lorber-Bewegung durch ihr publizistisches Engagement eine Art „Vordenkerrolle" inne und verdeutlichen als „Sprachrohr" die kritische Haltung der Lorber-Freunde zur Kirche. Wie denken andere Lorber-Freunde über die Kirche? Im folgenden sollen Einzelstimmen, die sich in den innerlorberianischen Zeitschriften finden, zu Wort kommen.

4. Innere Entfremdung von der Kirche: Einzelstimmen

Im Anschluß an die Aussagen des Lorberschen Jesus wird die „verinnerlichte" Kirche gefordert, die der äußeren nicht mehr bedürfe. So interpretiert eine Lorber-Freundin diese „Herzenskirche": „Jesus benutzte die staatliche Kirche nur, um in ihr seine Lehre zu verkünden und die Menschen im Geiste lebendig zu machen. Er wollte niemals neue kirchliche Zeremonien und Dogmen einführen, sondern das Reich Gottes in den Herzen aufrichten. Paulus hat dies klar erkannt und auch in seinem von der Kirche unterschlagenen (!) Brief an die Gemeinde von Laodizäa zum Ausdruck gebracht."[20] Die aus verschiedenen Sekten geläufige Vorstellung, wonach die Kirche biblische Dokumente bewußt den Gläubigen vorenthalten oder eliminiert hätte, wird innerhalb der Lorber-Bewegung rezipiert[21]. Hinzu kommt die kritiklose Übernahme merkwürdiger Lorberscher Gedanken zur Entstehung einzelner biblischer Bücher[22], die im Sinne des Jenseitswissens interpretiert werden. Aus den zahlreichen internen Äußerungen ergibt sich der Gesamteindruck: Die Lorber-Freunde *wollen* aktive Christen in ihren jeweiligen Kirchen sein. Sie möchten in ihnen nach dem Geist der „Neuoffenbarung" leben und entsprechende Impulse einbringen. Doch gibt es dabei immer wieder Probleme. Sie können keine echte Beziehung zum kirchlichen Leben finden und bleiben innerlich distanziert[23]. Nimmt ein Lorber-Freund dennoch aktiv daran teil, zeigen sich sehr schnell innere Schwierigkeiten mit den dort praktizierten „Zeremonien" (z. B. gottesdienstliche Formen), die bereits im Lorber-Werk hart getadelt werden. Als unerträglich werden insbesondere „Glaubensgeheimnisse" (z. B. Sakramente) empfunden. Sie erfahren durch den Jesus der „Neuoffenbarung" massive Kritik. Lorber bewegt sich mit seinen Aussagen zu dieser Fragestellung ganz im Gefüge des 19. Jahrhunderts. Zwar stellt er sich mit seinen Aussagen gegen das herrschende Weltbild mit dessen noch spürbaren nachaufklärerischen Tendenzen, läßt es aber mit der Forderung „Hinweg mit allen Geheimnissen!"[24] an die Adresse der Kirche fröhliche Urständ feiern. Die Sakramente sind bei Lorber rein äußerliche Belanglosigkeiten[25], die in ihrer Bedeutung für den christlichen Glauben abgewertet werden zugunsten eines reinen Tatchristentums. Der Berliner Referent der Evangelischen Zentralstelle für Weltanschauungsfragen *A. Fincke* kommt zu dem Ergebnis: „Die Abwertung der Sakramente korreliert mit einer Betonung der Nächstenliebe. Lorbers Lehre unterstreicht, daß nicht der Glaube selig macht, sondern allein ‚die Tat nach dem Lichte des Glaubens' (GrEv VIII 66,6). Für Lorber ist der liebetätige Herzensverkehr des Einzelnen mit seinem himmlischen Vater von viel elementarerer Bedeutung als die Teilnahme des Christen an den Sakramenten."[26]

Daß damit auch die Problematik der menschlichen Sündhaftigkeit sowie Gottes vergebendes und heilendes Handeln in ihrer Tiefe nicht erfaßt werden, liegt auf der Hand. Die *Kindertaufe* wird zum bloßen Aufnahmeritus in die christliche Gemeinde oder gar als eine Form der Namensgebung verstanden[27]. Der Mensch ist für die „Wirkung der Taufe" mitverantwortlich: „Wer die Wassertaufe im wahren, geistigen Sinne genommen hat, der ist vollkommen getauft, wenn vor der Tauf-handlung der Wille im Herzen des Getauften seine Wirkung getan hat. Ist diese nicht erfolgt, so hat die Wassertaufe nicht den geringsten Wert und erwirkt weder Segung noch Heiligung."[28] An anderer Stelle bezeichnet der Lorbersche Jesus die Sakramente gar als „ein wahres Gift der Seele", wenn sie vom Menschen nicht „lebendig gemacht"[29] würden. Es hat den Anschein, als sei die bloße Annahme der „Lehre Jesu" bereits für den Menschen heilsentscheidend[30]. Das Wort, die Lehre, ihre bewußte und freiwillige Akzeptanz sowie ihre praktische Befolgung scheinen für ein gottergebenes Leben bereits zu genügen. Die Nächstenliebe dominiert. Das gebrochene Verhältnis zwischen Gott und Mensch und seine heilvolle Überwindung durch Gott in seinem Sohn Jesus Christus, von der die Bibel erzählt, werden in ihrer Tragweite nicht erfaßt. Dieser Spiritualismus geht im Grunde am biblischen Kern vorbei.

Das *Abendmahl* wird bei Lorber zum bloßen Zeichen der Erinnerung an Jesus Christus. Hier wird es nicht (wie in den biblischen Quellen) im Kontext des Leidens und Sterbens Jesu interpretiert, sondern in seiner Bedeutung den Jüngern schon vorher[31] auf Anfrage mitgeteilt. Dies hat auch Konsequenzen für das Verständnis des Abendmahles aus der Sicht der „Neuoffenbarung". Die Diskrepanz zu den biblischen Aussagen (1 Kor 11,23-26; Mk 14,22 ff), die es ganz vom Tode Jesu her und im Hinblick auf die nicht enden wollende Gemeinschaft mit den Seinen interpretieren, ist damit offenkundig. In den Lorberschen Aussagen zu den Sakramenten wird deren eigentliche theologische Bedeutung, nämlich ihr Wesen als „göttliche Heilsmittel", nicht erfaßt bzw. deutlich abgewertet. Wenngleich die Lorber-Anhängerin M. Eckl nachträglich diese Tendenz korrigieren und erläutern möchte[32], läßt sich ins-

gesamt die spiritualistische Tendenz zu einem rein mystisch-verinner-
lichten Kirchenverständnis in Lorbers „Neuoffenbarung" nicht leugnen.

Das eher distanzierte Verhältnis der Lorberianer zu den Kirchen beruht
auf inneren Vorbehalten, die ihren Ansatzpunkt in Lorbers Schriften
haben. Man will zwar für die Kirchen Heilung, möchte in ihr aktiv
mitwirken, doch bleibt es insgesamt bei eher zaghaften Versuchen, die
für die überzeugten „Geistesgeschwister" nicht selten mit Problemen
verbunden sind. Der Lorber-„Dogmatiker" *Walter Lutz* rät: „Und so
wird es für die Freunde der Neuoffenbarung nur dort, wo man sie
anfeindet oder verfolgt, angezeigt sein, sich zurückzuziehen. Wo sich
Seelen finden, die für den Fortschritt zu der reinen, freien Geist- und
Liebeslehre gereift sind, da werden wir es als unser Recht und unsere
Pflicht betrachten, die Brüder und Schwestern im Geiste auf diese höhere Stufe hinanzuführen und uns mit ihnen zu einem geistigen Geschwisterkreis zwecks besonderer Pflege des neuen Gotteswortes zusammen-
zuschließen."[33] Ein „Geschwisterkreis" ermöglicht den Lorber-Freunden ein tieferes Eindringen in den Wahrheitsgehalt des christlichen
Glaubens, als ihnen das in der Kirche möglich ist. So sind dann auch die
Meinungen zur Kirche oft unterschiedlich. Ein Lorber-Freund erteilt
den Ratschlag, die kirchlichen „Zeremonien" hinzunehmen und stellt
fest: „Denn der äußere Mensch braucht anfänglich auch die äußere
Kirche mit ihrer Zeremonie."[34] Vereinzelt gibt es auch Stimmen, die für
einen freien, unkomplizierten Umgang mit Kirchen *und* Sekten plädie-
ren, denn entscheidend sei die Liebe, die man den jeweiligen „Mitgliedern" entgegenbrächte. Ein anderer Teil der Lorber-Freunde fordert
gar eine „verinnerlichte Kirche", die in jedem Menschen vorhanden und
nicht an bestimmte Orte der Erde oder des Kosmos gebunden sei.
Demzufolge gibt es unter den Lorberianern keine einheitliche Position gegenüber der Kirche. Dazu ist die Lorber-Bewegung von einem
zu großen Pluralismus bestimmt. Er macht es nahezu unmöglich, das
Verhältnis der Lorber-Freunde zu den Großkirchen umfassend zu be-
schreiben. Daß auch intern gegensätzliche Auffassungen bestehen,
die mitunter hart ausgefochten werden, ist deutlich zu erkennen. Insgesamt läßt sich bei der Auswertung des internen Materials feststellen,
daß die spiritualistischen Tendenzen dieses individualistischen Glau-
benssystems, insbesondere bei einer fundamentalistischen Rezeption,
nachhaltig das Weltbild der Lorber-Anhänger prägen – und dementsprechend ihr Verhältnis zu den Kirchen.

Für Lorber-Freunde, die in einem Lorber-Kreis beheimatet sind, ist das Problem der Entfremdung von der Kirche und ihren Gemeinden gegeben, da sie dort mit ihren Ansichten, die sie den Lorber-Schriften verdanken und auch vereinzelt einbringen möchten, auf Widerstand stoßen. Man will zwar ein aktives Glied der Kirche bleiben, doch ist die innere Distanz zur „äußeren Kirche", insbesondere zu deren Verkündigung, deutlich zu erkennen. Dies begünstigt in auffallendem Maße die feststellbare Introvertiertheit mancher „Neuoffenbarungsfreunde".

Der durch die Lorber-Schriften gewährte Blick in den göttlichen Heilsplan führt bei den Lorber-Freunden weniger zu einem elitären Bewußtsein, wie er bei esoterisch-gnostischen Zirkeln anzutreffen ist, sondern mehr zu einem Missionseifer für den „göttlichen Schatz", wobei die „anderen" nicht bekehrt, sondern auf das „reine, unverfälschte Wort Gottes" hingewiesen werden sollen, das sie „in Freiheit" annehmen ober ablehnen können. Die „Sache" steht damit im Vordergrund. Besonders im Umgang mit „Kirchenchristen" haben Lorberianer immer wieder Schwierigkeiten. So klagt ein Freund der Neuoffenbarung: „Alle Menschen sind Brüder und die Kirchenchristen stehen uns doch näher als ein Atheist ... Die Erfahrungen mit den ‚Kirchenchristen' sind aber leider oft noch um vieles negativer als mit Weltmenschen. Mit einem Weltmenschen kann man offen, mit mehr oder weniger Verständnis reden. Mit einem Kirchenchristen ist jedes Gespräch über die Neuoffenbarung von Anfang an schwierig. Mißtrauen und offene Ablehnung ist (sic!) die Regel. Von allen bisher von meiner Frau oder mir geführten Gesprächen mit Geschwistern aus der Kirche – aus der wir kommen – ist mir keines in Erinnerung mit auch nur geringfügigem positiven Ausgang. Hierunter fällt auch die Abgabe von Lorberschriften. Das Ergebnis besteht darin, daß wir gemieden werden und man in unserer Gegenwart über die in die Irre geratenen Geschwister betet. Dafür werden wir reichlich entschädigt durch die große Liebe, die uns von den Lorberfreunden entgegengebracht wird. In einem geistigen Bild wurde mir schicksalhaft die Vergänglichkeit der großen Kirchen gezeigt, ich habe aber Scheu davor, darüber zu sprechen oder zu schreiben, wofür ich um Verständnis bitte."[35]

Oftmals bedeutet für manchen überzeugten Lorber-Freund der Gehorsam gegenüber der „Neuoffenbarung" und ihres Anspruchs einen tiefgreifenden Bruch mit dem bisherigen Leben. In besonderen Fällen zeigen sich auch bisweilen asketische Tendenzen (religiös motivierter Vegetarismus; Ablehnung des Tanzes; Sexualfeindlichkeit), die durch die Lorberschen Kundgaben motiviert sind[36]. Geradezu symptomatisch erscheint hierbei ein Erlebnisbericht einer Lorber-Freundin, die durch ihre Hinwendung zur „Neuoffenbarung" für ihr Leben die „nötigen" Konsequenzen zog und dabei in Konflikt mit ihrer eigenen Umgebung geriet. Isolation und Rückzug von den „weltlichen Dingen" waren die Folge: „Als ich schließlich auf die Lorber-Bücher stieß, auf genau das, was ich mir immer gewünscht hatte, war ich so voll von Euphorie, diese Dinge weiterzugeben, daß ich jedem, der es hören wollte oder auch nicht, alles erzählte, was ich wußte. Entsprechend war die Reaktion. Man hielt mich für fanatisch, versponnen, einer Sekte verfallen. Meine Mutter weiß nicht mehr so recht, was sie von mir halten soll (ich glaube sogar manchmal, sie schämt sich meiner), viele meiner alten Freunde haben sich zurückgezogen. Im allgemeinen macht man sich Sorgen um mich. Auf meine negative Einstellung zu Faschingsbällen und ähnlichem und dazu, daß ich einen Gebetskreis (offenbar einen „Geschwisterkreis"; der Verf.) vorziehen würde, bekam ich zu hören: ‚Dafür bist du noch viel zu jung. Du mußt doch noch was vom Leben haben. Amüsier' dich!' Eine gute ‚psychologisch geschulte' Freundin, die alles von vorneherein verdächtig fand, kommentierte insbesondere mein Desinteresse an allen weltlichen Vergnügen sowie meine Ansichten über eine geistige und weitgehende platonische Ehe sehr sorgenvoll: ‚Ich will nicht, daß Du so wirst; versprich mit bitte, daß Du nicht so wirst!' . . . Zunächst haben mich diese Reaktionen sehr hart getroffen. Ich erwartete immer, daß alle Menschen genauso begeistert sein müßten, wie ich es war. Das führte nur zu Enttäuschungen. Zum Lesen von Lorberbüchern habe ich bisher kaum jemand gebracht. Viele konnten damit nichts anfangen. Mein Fehler war, daß ich mich nicht zurückhalten konnte und immer gleich sehr tief auf die Sache einging. Und wenn man ständig gleich lossprudelt von Sonnenbewohnern, Kobolden, Mondmännchen, Geistererscheinungen, Offenbarungen usw., darf man sich eben nicht wundern, wenn man dann als armer Irrer dasteht . . . Dennoch tut es mir heute noch in der Seele weh, wenn ich Ignoranz und Unglauben bei einem Menschen zu spüren bekomme. Täglich wird die Liste derer, für die ich bete, länger, und es kostet sehr viel Kraft, mich mit Weltmenschen auseinanderzusetzen."[37] Dieser sehr persönliche Erlebnisbericht zeigt recht deutlich den Prozeß der Entfremdung von der eigenen Umgebung, den bisherigen nahestehenden Menschen (Eltern, Freunde), dem Lorber-Freunde – wenn sie die Aussagen der Lorberschriften ernsthaft befolgen möchten – ausgesetzt sein *können*. Ihre Ansichten, ihr Denken, Meinen und Wollen richten sich allein auf die „Neuoffenbarung" Lorbers aus. Insbesondere Werbemaßnahmen für das göttliche Wort werden von den Adressaten immer wieder mit Unverständnis quittiert. Die Lorber-Freunde reagieren auf solche Versuche oft mit innerem Rückzug. Statt in der Öffentlichkeit für die „Sache" zu werben, erfreut man sich in seinem Inneren an den göttlichen Geheimnissen. Das begünstigt in jedem Fall die bereits vorhandene Introvertiertheit grüblerischer Naturen.

Enttäuschungen über mißlungene Versuche, anderen von dem „göttlichen Schatz" weiterzugeben, die innere Distanz zu Eltern und den Freunden, die auch zu den „Weltmenschen" gerechnet werden, werden scheinbar kompensiert durch die Gewißheit, für die durch Lorber übermittelte göttliche Wahrheit einzutreten. So erfreut man sich lieber in der stillen, beschaulichen Einsamkeit oder aber unter Gleichgesinnten[38] in Freundeskreisen an den geoffenbarten Schöpfungsgeheimnissen, den Sonnenbewohnern und Mondmännchen – ohne dabei Gefahr zu laufen, verlacht oder verspottet zu werden, wie ihnen das bei „Weltmenschen" widerfahren kann.

5. Die Lorber-Bewegung aus kirchlicher Sicht

a) Das Gutachten Kurt Huttens

Der evangelische Theologe und frühere Leiter der Evangelischen Zentralstelle für Weltanschauungsfragen (EZW) in Stuttgart, Kurt Hutten, beschäftigte sich intensiv mit der nach dem Krieg neugegründeten Lorber-Gesellschaft sowie mit den Lorber-Kreisen, über die er im Jahre 1970 folgendes Gutachten anfertigte: „Die Lorber-Kreise sind keine ‚Sekte', sondern freie Vereinigungen von Menschen, die sich um das ‚Neuoffenbarungswerk' von Jakob Lorber gesammelt haben ... Eine Differenz zwischen evang. Kirche und Lorber-Kreisen besteht weniger in den Lehraussagen, als in der Wertung des Lorberwerks als einer ‚neuen Offenbarung': Wenn es damit der biblischen Offenbarung gleichgestellt wird, dann kann die Kirche dem nicht zustimmen. Die Lorber-Kreise sind keine geschlossene religiöse Gemeinschaft mit eigenen Gottesdiensten oder sonstigen kultischen Veranstaltungen, sondern zwanglose Gesinnungsgemeinschaften. Ihre Mitglieder gehören grossenteils einer Kirche an. Es sind durchweg ehrenwerte, geistig und religiös aufgeschlossene Menschen. Sie bilden ein gutes, wertvolles Element in unserer pluralistischen Gesellschaft."[39] Bei diesem Gutachten handelt es sich um die einzige öffentliche kirchliche Stellungnahme zu den Lorber-*Kreisen*[40], die zwar innerhalb der Lorber-Bewegung eine sehr wichtige Rolle spielen, aber doch vom Lorber-Verlag und der Lorber-Gesellschaft zu unterscheiden sind. Die Stellungnahme Huttens wurde abgegeben – darauf weist *F.-W. Haack* nachdrücklich hin[41] – im Zusammenhang mit den sogenannten „Alexander-Morden" im Jahre 1970, die in der Presse für Aufsehen gesorgt hatten. Ein Anhänger der „Neuoffenbarungen" *Georg Riehles* hatte zusammen mit seinem Sohn Ehefrau und Töchter in Santa Cruz (Teneriffa) ermordet. Eine „innere Stimme" hätte die Tat befohlen, wie er damals als Tatmotiv angegeben hatte. Weil die Familie einem Neuoffenbarungskreis angehört hatte, gerieten die Lorber-Gemeinden in das Schußfeld der öffentlichen Kritik und sahen sich schweren Beschuldigungen ausgesetzt. Zum Schutz der Lorber-Freunde vor „globaler Verunglimpfung" hatte Hutten das oben zitierte Gutachten ausgestellt.

M.E. sind an diese sicherlich situationsbezogene Einschätzung, die von einem kirchlichen Beauftragten öffentlich abgegeben wurden, Anfragen zu richten. Es fällt auf, daß Hutten die theologischen Differenzen zwischen der Kirche und den Lorber-Freunden eher abschwächt. Sie sind, wie die vorausgehende Kritik der Lorberschen Aussagen gezeigt hat, doch beträchtlich. Leitend ist für Huttens Beurteilung das Phänomen „unserer pluralistischen Gesellschaft", in der die Lorberianer eine wichtige, ergänzende Funktion hätten. Für eine Einschätzung von kirchlicher Seite fehlen hier theologische Kriterien. Ein pluralistisches Gesellschaftsmodell (wie wichtig und wertvoll es auch sein mag) reicht als Grundlage für eine kirchliche Stellungnahme nicht aus. Der Dissens in der Frage von alter und neuer Offenbarung ist beträchtlich und sollte nicht – wie in diesem Fall – unterschätzt werden. Denn daraus ergeben sich für das Verhältnis von Kirche und Lorber-Kreise wichtige Konsequenzen.

b) Einordnung und kritische Bewertung

Gegenüber dem großen, unorganisierten Sympathisantenkreis der Lorber-Schriften (Lorber-Anhänger) erweisen sich die regelmäßigen Zusammenkünfte in eigens gegründeten Studien- und Diskussionsgruppen (*Lorber-Kreise*) als die einzige kontinuierliche Gemeinschaftsform aktiver Lorberianer. Wie die Angehörigen der Katholisch-apostolischen Gemeinden, der Philadelphia-Bewegung, der Tempelgesellschaft und der Reichsbruderschaft Jesu Christi[42] sind auch die Lorber-Freunde größtenteils Mitglieder der Großkirchen. Gesondert sind die festen Mitglieder der *Lorber-Gesellschaft* zu betrachten. Sie verfügt über eine eigene Vereinssatzung und eine kleine, aber feste Mitgliederzahl, die aktiv für die Verbreitung des Jenseitswissens nach außen in Erscheinung tritt. Aus kirchlicher Sicht ist hier von einer „*Doppelmitgliedschaft*" auszugehen, d. h. die Betreffenden gehören der offiziellen organisatorischen Struktur der Lorber-Freunde und *zugleich* einer christlichen Kirche an. Ähnlich verhält es sich bei solchen Lorber-Freunden, die am gottesdienstlichen Leben einer Kirchengemeinde teilnehmen, zudem aber in einem Lorber-Kreis tätig sind. Geht man generell von unterschiedliche Formen der Mitgliedschaft, sei es durch finanzielles Engagment oder durch das Eintreten für die Bewegung[43] aus, so trifft dies für Lorber-Freunde im engeren Sinn weitestgehend zu[44]. In der Frage einer möglichen Doppelmitgliedschaft in spiritualistischen Sondergemeinschaften ist aus kirchlicher Sicht grundsätzlich ein Klärungsbedarf gegeben[45]. Eine enge geistige Bindung an die Sondergemeinschaft, die zwar „Überkonfessionalität" anstrebt, ist gegeben, da sie das Denken ihrer Mitglieder maßgeblich durch die von ihr vertretenen Sonderoffenbarungen prägt.

Bislang bildeten die Lorber-Kreise lediglich Lesergemeinden ohne gottesdienstliche Formen. Neuerdings versucht die Lorber-Gesellschaft Lorber-Freunde als „freie Mitglieder" stärker in die Verbreitung der Lorberschen Kundgaben einzubinden. Über die Resonanz dieses Aufrufs wurde von seiten der Lorber-Gesellschaft offiziell nichts mitgeteilt. Es verdichten sich jedoch die Anzeichen, daß sich die Lorber-Bewegung in jüngster Zeit mehr denn je an einem festeren Zusammenhalt interessiert zeigt. Die Lorber-Gesellschaft gehört hier besonders zu der treibenden Kraft, indem sie in Form von verschiedenen Aktivitäten und Gründungsaufrufen für Lorber-Kreise eine aktive Rolle für den internen Konsolidierungsprozeß übernommen hat.

Ihre Mitglieder, die ihnen in „freier Form" angehören, bezeichnen sich selbst als „Freunde der Neuoffenbarung", „Lorber-Freunde" oder untereinander auch als „Geistgeschwister". Es fällt auf, daß nicht die Figur des steirischen „Neuoffenbarers" in den Mittelpunkt gestellt wird, sondern eher das durch ihn übermittelte Schrifttum aus den „geistigen Welten". Lorber, der teilweise bei seinen Anhängern aufgrund seiner Bescheidenheit und Introvertiertheit eine Vorbildfunktion genießt, tritt dabei ganz – von wenigen Ausnahmen einiger seiner Interpreten abgesehen – hinter die „Neuoffenbarung" zurück[46].

Demnach sind die Lorber-Kreise *lose Gesinnungsgemeinschaften*, die sich um das Schrifttum gesammelt haben. Ihr Ziel ist die geistige Durchdringung und die individuelle Aneignung der „Neuoffenbarung" sowie die lebenspraktische Umsetzung ihrer Forderungen.

In der gängigen kirchlich-apologetischen Literatur wird lediglich Position bezogen zur Lorber-Gesellschaft, nicht aber zu den Lorber-Kreisen. Man hat den Eindruck, als würden beide miteinander identifiziert[47]. Dies ist jedoch, wie sich gezeigt hat, eher ein Mißverständnis; denn nicht alle Lorberianer lassen sich dem Oberbegriff „Lorber-Gesellschaft" subsumieren, da nicht alle dem kleinen eingetragenen Verein mit „berufenen Mitgliedern" angehören. Die Lorber-Kreise dagegen kennen keine Mitgliedschaft nach einer vorgegebenen Satzung. In ihnen herrscht auch keine verbindliche Lorber-Interpretation.

Es empfiehlt sich der Oberbegriff *„Lorber-Bewegung"*, um der organisatorischen Eigenart der Lorber-Freunde gerecht zu werden. Es muß demnach unterschieden werden zwischen ihren drei „Säulen" *Lorber-Verlag* (Drucklegung und Verbreitung der Werke), *Lorber-Gesellschaft (*Verbreitung der Lorber-Schriften, Öffentlichkeitsarbeit) und *Lorber-Kreise* (Studium und praktische Aneignung der Lorber-Lektüre in gemeinsamen Zusammenkünften).

Wie es scheint, hat sich seit dem Jahre 1981, dem Jahr der Trennung von Verlag und Gesellschaft, die interne Arbeit in der Lorber-Bewegung zugunsten der Lorber-Gesellschaft leicht verschoben. Während der Verlag weiterhin die öffentliche Arbeit durch den Vertrieb der einschlägigen Bücher vertreibt, ist die Lorber-Gesellschaft im Hinblick auf die Werbung von möglichen Interessenten bzw. die Sammlung von Lorberianern – auch in der Frage einer „Richtlinienkompetenz" – stärker hervorgetreten. So ist es für die Zukunft nicht auszuschließen, daß sie weiterhin das Erscheinungsbild und das Eigenleben der Lorber-Freunde prägen wird. Für eine kirchliche Beurteilung der Lorber-

Kreise sind diese neueren Entwicklungen von nicht zu unterschätzender Bedeutung.

Was ist von der Lorber-Bewegung zu halten? In der Vergangenheit wurde sie in der kirchlichen Apologetik als „Sekte" bezeichnet[48], später (unter dem Einfluß Huttens) rechnete man sie unter der Bezeichnung „Lorber-Gesellschaft" allgemein den „christlichen Sondergemeinschaften"[49] zu. Darunter versteht das „Handbuch Religiöse Gemeinschaften" (4. Aufl. 1993) „Gemeinschaften, die teilweise Beziehungen zu den Kirchen haben, aber Sonderlehren vertreten, die in einigen Fällen auch sektiererische Züge tragen, bei einigen dieser Gemeinschaften sind die Mitglieder zugleich Glieder der Landeskirche"[50].

Die Lorber-Bewegung stützt sich auf Sonderlehren bzw. Sonderevangelien. Diese Niederschriften Lorbers gelten als der Heiligen Schrift ebenbürtig, ja sogar als „Schlüssel" zu ihr. Sie werden als „Jesus-Texte" (W. Schlätz) verstanden und erfreuen sich oft einer höheren Wertschätzung als der biblische Kanon, der ihrer Auffassung nach als nicht abgeschlossen zu gelten hat. Schon in Lorbers spiritualistischer Weltanschauung begegnen gnostisierende Tendenzen, die das Weltbild seiner Anhänger nachhaltig prägen.

Die Werbung für das „neue Wort" geschieht, wenn überhaupt, im Bekannten- oder Freundeskreis durch Bücher und Informationsschriften.

Für suchende und spiritualistisch Interessierte wirkt das verständliche und nachvollziehbare Reden von Gott und seiner Geschichte mit dem Menschen besonders anziehend. Nicht selten behaupten Lorber-Anhänger, sie könnten durch Lorbers Schriften die Bibel in Einzelaussagen besser verstehen. Man kann hier bei Lorber sicherlich von einer „Theologie für Nichttheologen" sprechen. Sie wird sogar zu einem Schlüssel zur Heiligen Schrift, zu einem „göttlichen Bibelkommentar" (M. Eckl). Vielfach wenden sich „Suchende" dem Werk Lorbers zu. Die Folgen davon sind oft unterschiedlich. In den meisten Fällen werden die Neuoffenbarungen als eine individuelle Glaubensvertiefung betrachtet. Anderseits gibt es vereinzelt den Versuch, dem Vorbild Lorbers zu folgen und selbst zum „Neuoffenbarer" zu avancieren.

Häufig gewinnt man bei Lorber-Freunden den Eindruck, sie praktizierten eine Abkehr von der Welt, ihr Wirken bleibe auf ihre nächste Umgebung beschränkt. Soziale oder gar politische Aktivitäten bilden eher die Ausnahme. Größere weltpolitische Gefahren werden meist in einem lorberianisch-fundamentalistisch-apokalyptischen Rahmen gedeutet (so etwa die Immunschwäche AIDS, die ökologische Krise oder die nukleare Gefahr) und als Bestätigung der Lorberschen Kundgaben interpretiert. Mancherorts werden diese Gefährdungen menschlichen Lebens in lorberinternen Publikationen kritisiert, doch bleibt darauf der Protest beschränkt. Man konzentriert sich stärker auf den internen Meinungsaustausch unter Gleichgesinnten, den „Geistesgeschwistern", in Form von Zuschriften an die beiden innerlorberianischen Zeitschriften und scheut dagegen eine größere Öffentlichkeit. Ein Wirken nach „außen", das etwa bestimmt ist durch Einsichten, die man der „Neuoffenbarung" durch Lorber verdankt, läßt sich dagegen nicht erkennen[51].

Im Hinblick auf die Struktur der Lorber-Freunde stellt Rinnerthaler fest: „Durch den Zusammenschuß von Lorberianern in Kreisen . . . ist eine Gruppenbildung mit allen soziologischen Merkmalen gegeben: Kommunikation zwischen den Mitgliedern, ein normatives System (= die Lehre Lorbers), Organisiertheit usw. . . . . Wohl streben die verschiedenen Lorber-Kreise eine ,ursprünglichere Auffassung und Ausübung der betreffenden Religion' an, denn Lorbers ,Neuoffenbarung' ist ihnen ja das reine unverfälschte Wort Gottes – während sich in die Bibel im Lauf der Jahrhunderte Fehler eingeschlichen hätten, der charismatische Führer ist jedoch (und war) nicht nachzuweisen."[52] Sektentypische Züge lassen sich bei den Lorber-Kreisen wie bei der Lorber-Bewegung insgesamt nur am Rande erkennen. Bei ihr handelt es sich im wesentlichen um eine Gemeinschaft mit einer „übersinnlich" (an der „Neuoffenbarung" Lorbers) orientierten Weltanschauung, einem *neuzeitlichen Spiritualismus*. Ergebnisse der naturwissenschaftlichen Forschung werden nicht abgewertet, im Gegenteil: Sie werden – dies zeigt sich besonders bei der Durchsicht der Jahrgänge der Zeitschrift „Das Wort" – herangezogen, um die Richtigkeit der Lorberschen Aussagen im Hinblick auf Erde und Kosmos hervorzuheben, die allerdings bezweifelt werden muß[53].

VII. Eine „Neuoffenbarung" und ihre Fortsetzung

1. Weitere Kundgaben in der Tradition Lorbers

Lorbers Schriften bildeten nur den Auftakt zu einer Entwicklung, in
der sich immer öfter das „innere Wort" bei einzelnen melden sollte.
Teilweise knüpften die dabei entstandenen Botschaften unmittelbar
an die Tradition des „Schreibknechts Gottes" an, erläuterten, vertief-
ten oder ergänzten sie, in manchen Fällen kam es gar zu eigenständigen, dezidiert sektiererischen „Neuoffenbarungssystemen", die sich
zwar von Lorbers Gedanken inspiriert erweisen, aber in den Kernaussagen deutlich von ihnen abweichen. Einer der Gründe für das Weiterwirken der „inneren Stimme" war sicherlich die Tatsache, daß Lorbers
Werk unvollendet blieb. Sein Tod im Jahr 1864 verhinderte die Fertig-
stellung des Schlußteils des „Großen Evangeliums". Doch der Lorbersche Jesus kündigte noch zu Lebzeiten Lorbers an: „Ich (werde) von
Zeit zu Zeit Menschen erwecken, denen Ich alles, was jetzt bei dieser
Meiner Gegenwart ist, geschieht und gesprochen wird, durch ihr Herz
in die Feder sagen werde ... Und diese Art der Ausbreitung Meiner
neu und rein wiedergegebenen Lehre aus den Himmeln wird dann um
vieles schneller und wirksamer zu allen Menschen auf der ganzen Erde
gebracht werden können"[1].

a) Gottfried Mayerhofer (1807-1877)

Der Lorber-Anhänger *Gottfried Mayerhofer*, von dem schon an anderer Stelle die Rede war, empfing nun selbst – sechs Jahre nach dem
Tod Lorbers – „göttliche" Kundgaben durch das „innere Wort". Sie
waren nicht so umfangreich wie die Lorberschen Niederschriften und
konzentrierten sich mehr auf thematische Abhandlungen zu Fragen
der Natur und des Kosmos. Von ihrem Wesen handelt es sich um „Predigten", in denen Christus selbst die Evangelientexte „geistig" auslegt
(„Predigten des Herrn"). Über den Empfang der Kundgaben wußte
Mayerhofer einem Freund zu berichten: „Ich bin immer ganz passiv
bei solchen Mitteilungen, weiß höchst selten, um was es sich handelt.
Es erfaßt mich gewöhnlich eine nicht zu erklärende Unruhe, ich muß
mich dann zum Schreibtische setzen, und erst wenn ich den Bleistift in
die Hand nehme, erfahre ich, was der Herr will, und auch da noch

weiß ich weder Folge noch Ende, ja, nicht ein Wort früher als das andere … So entstehen meine Diktate, willenlos, ohne zu wissen, warum und weswegen, eben so und nicht anders."[2] Anschaulich wird hier das Phänomen beschrieben, das die Parapsychologie als „Automatisches Schreiben" bezeichnet. Die Suche nach der „inneren Stimme" nahm auf diese Weise zu. So mancher, der das Lorber-Werk studierte, schien nun selber für Kundgaben aller Art durch den Weg nach Innen empfänglich zu sein. Und immer wieder schien sich Gott/ Christus bei einzelnen zu melden, um auf diese Weise die neuen Offenbarungen zu ergänzen und zu vertiefen. Im Gefolge Lorbers gibt es bei den Einzelempfängern erkennbare Parallelen bei der inneren Vorbereitung für den Empfang himmlischer Botschaften. Schon bei Lorber erläuterte der Jesus der „Neuoffenbarung" die Grundbedingungen für das „innere Wort" im Menschen am Beispiel der Person des „Schreibknechts Gottes": „Und er redet auch nichts aus sich und kann es auch nicht, da er viel weniger als jeder von euch in irgend etwas eine Wissenschaft hat. *Eben darum ist er mir auch ein ziemlich taugliches Werkzeug, da in seinem Kopfe fast nichts darinnen ist, aber zeitweise desto mehr in seinem Herzen,* welches Ich nur allein brauchen kann, da im selben kein Gedächtnis ist, wohl aber eine Erinnerung der *Liebe in und zu Mir* und in dieser Erinnerung die *Anschauung* dessen, was Ich will und sage. – Dieser Zustand des Menschen ist der rechte. – Der Zustand der *„verständigen Köpfe"* aber ist ein ganz verkehrter und ist nichts als die allereitelste Träumerei eines kranken, unnatürlich gebrauchten Gehirns."[3] Lorber-Anhänger folgten diesem „göttlichen Rat" und meinten nun im Inneren, aus dem Herzenskämmerlein, Gott sprechen zu hören. Doch die übermittelten Banalitäten nahmen im Lauf der Zeit zu, wenngleich die erste Zeit noch überwiegend durch Lorber-Epigonen geprägt war, deren Werke nahtlos an die Lorber-Schriften anknüpfen wollten.

b) Leopold Engel (1858-1931)

Ein anderer Mann sollte das Lorbersche Fragment dank der göttlichen inneren Stimme fertigstellen – allerdings erst 27 Jahre nach Lorbers Tod. Es war *Leopold Engel*, der sich dazu berufen fühlte, den Schlußteil des Lorberschen Evangeliums zu verfassen. Von Beruf war er Schauspieler. Diese Kunst schien ihn auf Dauer nicht zu befriedigen. Er suchte nach mehr. Seit Kindesbeinen an war er durch seinen Vater mit den Lorberschen Kundgaben vertraut. Die Schriftstellertätigkeit, die er in Rußland ausübte, wurde in seinem Leben zunehmend wichtiger. Bei einem Freund in Leipzig quälte ihn der Gedanke immer mehr, er sei dazu auserkoren, das Lorber-Werk zu vollenden: „Die innere Pressung nahm täglich zu, so daß sie unerträglich wurde und ich meinem Freunde das Erlebnis, auch meine Verstandesmeinung, daß da nur Falsches zum Vorschein kommen würde, mitteilte. Mein Freund schüttelte den Kopf und meinte trocken: ‚Ich würde mich an Ihrer Stelle ruhig hinsetzen und drauflosschreiben. Wenn es Unsinn ist, was da zum Vorschein kommt, werden wir das schon herausfinden und werfen das Geschriebene in den Papierkorb!' Kurz, er machte mir Mut, und ich folgte seinem Rat. Das Ergebnis kann jeder im Schlußband lesen."[4]

Auch bei Engel zeigte sich – wie bei Lorber – jener innere Zwang zum täglichen Schreiben. Wie von selbst seien ihm, wie er berichtete, die Gedanken zugeflossen. So entstand auf diese Weise der Schluß des Lorber-Evangeliums, der als 11. Band das „Große Evangelium Johannes" abrundet. Für stilistische Unterschiede zu den vorangehenden Lorber-Bänden haben die Herausgeber eine Erklärung parat: „Schon mehrfach ist darauf hingewiesen worden, daß alle Kundgaben durch das Innere Wort sich stets der Eindrucksmöglichkeit und dem Begriffskreise der Mittler anpassen. Es ist daher nicht verwunderlich, daß sich der Stil des Schlußbandes wesentlich von dem Lorbers unterscheidet. Einen ganz bestimmten, stets wiederkehrenden Rhythmus der Ausdrucksweise bei Kundgaben aus der Höhe gibt es eben nicht, sondern nur einen den Fähigkeiten des Mittlers angepaßten. Alles kommt auf den aus den Worten hervorquellenden Geist an, nicht aber auf die mehr oder weniger vollendete Form."[5] Bereitwillig nehmen die Lorber-Freunde diese Erklärung hin. Ein Abschluß des Lorber-Kanons war noch nicht in Sicht. Im 11. Band durch L. Engel nimmt der Jesus der „Neuoffenbarung" kurz vor seinem Kreuzestod auf Kundgaben durch eine andere Person Bezug und gibt Interessierten gar einen Literaturhinweis: „Bezüglich Meiner letzten Stunden ist das Notwendigste bereits früher gesagt worden, und wer es sich nochmals vergegenwärtigen will, lese ‚Die sieben Worte am Kreuz', so wird er über Meine letzten Stunden genugsam aufgeklärt sein."[6] An dieser Stelle wird hingewiesen auf das Werk „Die sieben Worte Christi am Kreuz", die *Antoine Großheim*, eine Zeitgenossin und Anhängerin Lorbers[7], medial empfangen haben soll. Auch die Lorber-Gesellschaft zweifelt nicht an der Authentizität der Worte. Denn sie ließen die Kundgaben als „Betrachtungen zur Passionszeit" in der Zeitschrift „Geistiges Leben"[8] abdrucken. Weitere Auskünfte über die Lorber-Gönnerin und Empfängerin der Kundgaben lassen sich nicht finden.

Wie es scheint, wurde Lorber in seiner Rolle als „Neuoffenbarer" zu einer prägenden Gestalt für alle Nachfolger, die sich ebenfalls von einer „inneren Stimme" getrieben fühlten. Offenbar wirkten sein Erlebnis und sein Auftrag als Schreibknecht faszinierend auf ohnehin grüblerisch veranlagte Personen, die nach einer intensiven Beschäftigung und Lektüre der Werke Lorbers nun selber in sich einen göttlichen Auftrag zu vernehmen meinten. Zwar bewegen sich diese Art von Botschaften noch ganz auf der Linie Lorbers, erreichen aber nicht annähernd den Umfang der Lorber-Schriften. Zumeist handelt es sich eher um „erbauliche Kundgaben", die die Lorberschen Grundgedanken vertiefen und noch stärker verinnerlichen.

c) Georg Riehle (1872-1962)

Neben Mayerhofer und Engel erfreuen sich die Ansprachen des Lorber-Freundes *Georg Riehle* großer Beliebtheit[9]. Der gebürtige Dresdener und gelernte Stellmacher wuchs in einem evangelischen Elternhaus auf und kam über die Lektüre der Lorberschen „Jugend Jesu", die er im Bücherkasten seiner Großmutter gefunden hatte, in einen ersten Kontakt mit der „Neuoffenbarung". Nach einigen Jahren der Wanderschaft, die sein Handwerk mit sich brachte, wurde er eines Tages schwer krank. Die Krankheit und ihre plötzliche Heilung wurden für ihn zum Auslöser einer inneren tiefen Glaubenserfahrung. Einige Zeit später kam er mit Neusalems-Freunden in Kontakt, mit denen er das Lorber-Schrifttum eifrig diskutierte. Nach seiner Militärzeit fand er in einem „stillen Freundeskreis" eine geistige und geistliche Heimat. Schließlich übernahm er selbst die Betreuung eines Lorber-Zirkels, dessen Anhängerzahl ständig wuchs. So fanden dann öffentliche Versammlungen in Dresden-Löbtau statt. Der Erste Weltkrieg unterbrach für kurze Zeit die Zusammenkünfte, doch kurz darauf begann für die Bewegung dort eine regelrechte „Blütezeit". Bis zu 500 „Freunde des Neuen Lichts" fanden sich regelmäßig in dem Sitzungssaal des örtlichen Rathauses ein, um Christus durch Riehle sprechen zu hören. Der Ausstrahlung seiner Persönlichkeit war es offenbar zuzuschreiben, daß er immer wieder Menschen ansprechen konnte. Es entwickelte sich im Lauf der Zeit eine Bewegung, die allerdings wohl eher zufällig, ohne organisisatorische Absichten, entstanden war. Bei den Veranstaltungen trat Riehle als Redner auf, oder besser als Mittler, durch den Christus zu der Versammlung sprach. Doch auch Engel und andere höhere Wesen sollen durch ihn gesprochen haben[10]. Riehles Kundgaben wurden von Anhängern niedergeschrieben. Von ihm selbst gibt es nur biographische Angaben[11]. Seine Kundgaben kreisen immer wieder um die Liebe Gottes, von der ja auch in den Schriften Lorbers vielerorts die Rede ist. Hutten stellt fest: „Seit wann, auf welche Weise, wie oft und bei welchen Anlässen sich die Innere Stimme meldete, läßt sich seinen Aufzeichnungen nicht entnehmen."[12]

d) Weitere „Neuoffenbarer"

Es ist festzustellen, daß sich nach Lorbers Tod die Christuskundgaben in auffälligem Maße häuften. Als Namen seien hier *Johanna Ladner*[13], *Ida Kling, Max Seltmann, Richard Erler, Helene Möller, Franz Schumi und Erika Petrick* genannt[14], die allenfalls zum schwachen „Nachbeben" der „Neuoffenbarung" zu rechnen sind. Viele dieser Schriften wurden auch vom Lorber-Verlag vertrieben. Manche ihrer Kundgaben werden noch gelesen und weiterhin verbreitet. Anders als die Obengenannten sammelten sie selbst keine Kreise um sich. Immer wieder werden Lorber-Freunde auch bis in die Gegenwart zu Empfängern neuer Offenbarungen.

So soll der Bildhauer *Johannes Fischedick* (1908-1984) in noch jungen Jahren „Worte der Ewigen Liebe" empfangen haben. Besonders die „damals aufkommenden Reformideen wie Vegetarismus, Siedeln" schienen ihn zu beschäftigen. Dabei lernte er auch die Schriften Lorbers kennen und lieben. Die Begeisterung und Freude an den Kundgaben wuchs. Er begann selbst Gedichte, Gleichnisse und Ermahnungen zu verfassen, bis er im März des Jahres 1932 in sich selbst jene innere Stimme zu vernehmen meinte: „Morgens nach dem Erwachen hörte ich es, leise aber durchdringend. Ich konnte es nicht glauben, wollte es ändern, das ‚Ich' der Rede in ein ‚Du' wandeln oder unterdrücken – aber es ging nicht. Die Stimme setzte aus. Ich wollte lesen, es ging nicht, es drängte mich mächtig zum Schreiben. Schließlich nahm ich wieder die Feder. Dabei wurde ich ganz ruhig. Und ich schrieb dann in aller Ruhe auf, was mir die Stimme sagte . . . Seitdem tönt diese milde und liebreiche Stimme in allen Stunden immer wieder in mir und weckt in mir uns in uns allen Liebe, Freude und Hoffnung und Sehnsucht und eine rechte Kindlichkeit."[15] Wie sich aus dem Verlagsprospekt des Lorber-Verlages ersehen läßt, sind folgende „Neuoffenbarer" in der Traditionslinie Lorbers anerkannt, worauf der Verkauf ihrer Bücher dort schließen läßt: Mayerhofer, Engel, Ladner, Riehle, Seltmann. Sie werden daher in den einzelnen Lorber-Kreisen respektiert und erfreuen sich bisweilen sehr hoher Wertschätzung.

In neuester Zeit sind es besonders die „Neuoffenbarungen" des *Johannes Widmann* (Jg. 1940) aus Friedberg bei Augsburg, die auch unter Lorber-Freunden Anklang finden. Sein Wirken ist nicht auf die Lorber-Kreise beschränkt. Er führt eigenständige „Feierstunden" besonders im süddeutschen Raum durch, in denen ein Vortrag und auch „persönliche Offenbarungen" Christi an die Anwesenden (bei vorherigem Eintrag in eine ausliegende Liste) gegeben werden. Seine Schriften und Hefte aus der Schriftreihe „DER HERR SPRICHT" mit dem Vermerk auf der Innenseite „Diese Offenbarungen sind laut Joh. 14,21 durch das Innere Wort empfangen von J.W." werden kostenlos abgegeben und auf Wunsch verschickt.

Die hier angesprochenen neuen Offenbarungen in der Traditionslinie des „Schreibknechtes" scheinen unter den Lorber-Freunden unstrittig zu sein[16]. Wie gehen die Lorber-Freunde aber mit der Vielzahl vermeintlicher neuer Offenbarungen außerhalb der Lorberschen Tradition um? Wo liegen für sie die Grenzen?

2. Die Lorber-Freunde und die neueren Kundgaben

Sogenannte „Vatermedien" mit jenseitigen Enthüllungen werden für die Lorberianer und ihre Kreise häufig zum Problem. Wie kann hier Wahres von Falschem aus der Sicht des Lorber-Werkes geschieden werden?

Immer wieder wurde in der Vergangenheit über die Kriterien heftig diskutiert. Haack stellt hier zutreffend fest: „Im Gefolge der spiritistischen Erweckung hatte Lorbers Werk ein reiches Ausstrahlungsfeld. Es gibt Fälle, daß ehemalige Spiritisten sich dem Neuoffenbarungswerk zuwandten, ebenso wie dem Kreis der ‚Freunde der Neuoffenbarungen' dem Spiritismus Anhänger zuwanderten."[17] Immer wieder versuchten auch die führenden Köpfe der Lorber-Bewegung Kriterien zur Unterscheidung aufzustellen. Denn es kam nicht selten vor, daß „Vatermedien" in Lorber-Kreisen für Verwirrung sorgten. Auch in dieser Frage gibt es eine Vielzahl von Stimmen und Einschätzungen, die sich in den Publikationen der Lorber-Bewegung zu Wort melden.

Bislang vermied es die Lorber-Gesellschaft, eine Art Richtlinienkompetenz auszuüben. Dafür fehlen ihr sicherlich geeignete Mittel, um sie durchzusetzen und behaupten zu können. Dennoch ist sie in ihrer Zeitschrift „Geistiges Leben" bemüht, ausschließlich die „Neuoffenbarung" im Sinne Lorbers zu berücksichtigen, was auch den Leitlinien ihrer Satzung entspricht.

Ein Lorberianer z. B. beurteilt die anderen „Wortträger" *Bertha Dudde* und *Johannes Widmann* im Vergleich zu Lorber, der „hellen Sonne am Mittag", eher als ein „Lampenlicht"[18]. Gelegentlich wurde von einigen „Neuoffenbarungskreisen" der Vorwurf laut, die Schriften Lorbers seien überholt und nicht mehr aktuell genug[19]. Darauf antwortet ein Lorberianer: „Sie (d.h. die Werke Lorbers; der Verf.) können nur immer tiefer verstanden und erfüllt werden. Sie können höchstens ergänzt werden, weil viele Menschen reifer geworden sind und Tieferes zu erfassen vermögen. Die Neuoffenbarung ist ja unerschöpflich."[20] An anderer Stelle berichtet ein „Geistesfreund" über seine Erfahrungen mit den „Vatermedien": „Medial veranlagte Menschen stehen den Einflüssen aus der übersinnlichen Welt offener und empfänglicher gegenüber und werden auch von einer Unzahl von Geistwesen niederer und höherer Art umschwärmt. Diese Geistwesen wittern hier eine Möglichkeit, sich äußern zu können. Findet nun ein wenig gereiftes Medium Anschluß in einem Geschwisterkreis, so sorgen die niederen Geistwesen, die das Medium umgeben, für Überraschungen aller Art, die die Zuhörer begeistern und bald ist das Medium als Vatermedium akzeptiert... Leider ist es in vielen Geschwisterkreisen so, daß man dort mehr an Sensationen, an Prophezeiungen, an persönlichen Worten verstorbener Angehöriger, an Lobhudeleien und ähnlichem mehr interessiert ist, als am reinen Vaterwort, und bald ist ein Gemisch von Lüge und Wahrheit fertig . . . Da stellt sich die Frage: Warum läßt der Vater diesen Unfug zu? Dies können wir nur im Hinblick auf die unendlich-geduldige und langmütige Liebe Gottes beantworten, denn Seine Liebe straft und richtet nicht. Läßt der Vater nun derartige betrügerische Handlungen zu, dann will Er Seiner Gnade und Erbarmung die Zuhörer zum Nachdenken, zum

Prüfen anregen und so es dem einen oder anderen damit ernst ist, dann wird er auch die Wahrheit bald finden."[21] Doch die Wege führen oft in eine andere Richtung. Es zeigt sich, daß die Trennungslinie zwischen der „Neuoffenbarung" und der spiritistischen Weltanschauung nicht klar genug definiert ist. In der praktischen Abgrenzung tut man sich schwer. Vernichtende Urteile aus dem Munde gläubiger Lorberianer über spiritistische Praktiken sind keine Seltenheit. Man rechnet sie dem Reich der Finsternis zu, vermutet dahinter oft dämonische Einflüsse. In den einzelnen Kreisen gibt es eine Vielzahl oft unterschiedlicher Lorber-Interpretationen, die immer wieder zu internen Konflikten führen. Diese Tatsache erschwert die Abgrenzung gegenüber anderen Kundgaben.

Geradezu typisch für diese Auseinandersetzungen um die rechte Interpretation der Lorber-Schriften scheint eine Beobachtung eines Nürnberger Lorber-Anhängers zu sein, der gleichzeitig einen Freundeskreis betreut: „In meinem Kurs über Neuoffenbarung an der Volkshochschule in Roßtal schlagen sich die Teilnehmer ihre Ansichten erbarmungslos um die Ohren. Als Ermahnung, daß Lorberfreunde besonders zu Toleranz Andersdenkender aufgerufen sind, lasse ich an den folgenden Abenden eine Kerze brennen . . . Bei einem Treffen mit einer Lorber-Freundin läßt diese meine Lehrtätigkeit über makrobiotische Ernährung, die auch Seetang einschließt, nicht gelten, da dieser ja getrocknet ist, weil ‚bei Lorber' steht, daß man alles ganz frisch essen solle. Daß Getreide, Obst und Gemüse im Winter auch nicht mehr geradezu ackerfrisch sind, sieht sie nicht ein."[22]

Da jedoch kein oberstes „Lorberianisches Lehramt" gegeben ist, das die „Neuoffenbarungstexte" verbindlich fest- und auslegen kann, geschah es in der Vergangenheit immer wieder, daß ein Lorber-Kreis den Boden für sektiererische Tendenzen bereitete, so etwa für Harald Stößel, den späteren Gründer des *Lichtkreises Christi*[23]. War er 1968 noch als „Lorber-Freund" auf der Pfingsttagung der „Münchener Geschwister" anzutreffen, so wurde er kurze Zeit später zum Botschafter einer neuen Lehre. Er trat seitdem mit dem Anspruch auf, eigene Kundgaben zu empfangen und ließ sich gar als inkarnierter Petrus verehren. Mittlerweile hat sich dieses durchaus finanztüchtige religiöse Unternehmen auch eine eigene Bibel gegeben, die auf insgesamt zwölf Bände angelegt ist, wobei allerdings erst ein Band (1976) vorliegt. Auf einem neueren Hochglanz-Werbeprospekt heißt es: „Gott schuf die NEUE BIBEL genauso wie Himmel und Erde und alles, was lebt durch die Macht seines heiligen Wortes zur Rettung des ganzen Menschengeschlechtes. Es ist kein Novum, daß der Autor dieser Neuen Bibel Gott der Herr, unser Schöpfer selbst ist; denn die NEUE BIBEL ist die Gnaden-Ausgießung seines Heiligen Geistes an diese Menschheit, wie sie in der Alten Bibel prophezeit ist!"[24]

Im Februar 1971 warnte die Lorber-Gesellschaft eindringlich vor den medialen Kundgaben Stößels und stellte unmißverständlich fest: „Leider wird es immer wieder Personen möglich, sich der allseitig offenen Lorber-Bewegung zeitweise zuzugesellen und Schaden anzurichten. Im Deckmantel des Lorber-Anhängers setzt man sich in den Lorber-Kreisen fest, um dann früher oder später mit den eigenen Bestrebungen herauszurücken. Leider hat sich dies auch bei Herrn Stößel bestätigt."[25] Doch auch andere „Offenbarungen" bescherten den organisierten Lorberianern immer wieder Arbeit. Über ein Medium, so wurde behauptet[26], hätte sich in einem kleinen Gebetskreis der verstorbene „Neuoffenbarer" Georg Riehle als „Bahnbrecher der göttlichen Liebe" kundgetan, was den heftigsten Protest unter Lorber-Freunden ausgelöst hatte. Von einem „Foppgeist" war schließlich die Rede.

Der Umgang mit spiritistischen Kundgaben bleibt für „Geistesgeschwister" stets ein Problem. Anfangs äußerte sich die Lorber-Gesellschaft mit deutlichen Worten: „Niemand aber kann sich zur Mitgliedschaft eines Lorber-Kreises bekennen, wenn ihm spiritistische Sitzungen oder die Verbreitung der ‚Mitteilungen' sog. Medien mehr am Herzen liegen als das reine Wort der Neuoffenbarung oder die Bibel."[27]

3. Auf der Suche nach den Echtheitskriterien

Neben der „alten" (= die Bibel) und der „neuen" Offenbarung durch Lorber werden an anderer Stelle weitere Kriterien zur Prüfung der Authentizität von „Vaterworten" genannt: „Dann aber auch, ob das Medium – oder wie das vielfach zum Ausdruck kommt – der Sitz des Mediums eine besondere Rolle spielt. Daneben sind Vorverdammungen zu erwähnen, die meist damit beginnen, daß gesagt wird: ‚Wer dem nicht glaubt . . .'"[28].

Bei einer Veranstaltung der Lorber-Gesellschaft mit Freundeskreis-Leitern stellte man bei einer Prüfung von Kundgaben von *Franz*

Schumi und *Bertha Dudde* nach den genannten Kriterien fest, daß diese nicht Christus zum Urheber haben können[29].

Immer wieder wird auf die „demütige Bescheidenheit" des „Schreibknechts Gottes" verwiesen, womit in vielen Fällen für die Lorber-Freunde ein entscheidendes Merkmal echter „Neuoffenbarung" besteht. Wie es weiter heißt, verkehrte Lorber schließlich mit Gott im Herzen, nicht in Tieftrance (wie etwa die *Fiat Lux*-Gründerin Erika Bertschinger-Eicke). Insgesamt gesehen sind der Lorber-Gesellschaft hinsichtlich ihrer apologetischen Arbeit – auch innerhalb der Lorber-Bewegung – die Hände gebunden, da sie keinen direkten Einfluß auf die einzelnen Lorber-Kreise mit recht unterschiedlichen Lorber-Traditionen und -Interpretationen ausüben kann. Vieles bleibt ungeklärt. Wird von irgendeinem der Anspruch erhoben, nun selber ein „Neuoffenbarer" zu sein, ergeben sich Probleme, vor allem deshalb, weil die Lorber-Bewegung mit einem stets fortschreitenden offenbarenden Handeln rechnet, das als Übermittlung von Belehrungen oder Enthüllungen neuer Erkenntnisse verstanden wird. Der Lorber-Kanon bleibt weiterhin unabgeschlossen und ist prinzipiell offen für weitere „Botschaften".

So kann es immer wieder geschehen, daß einzelne Lorber-Freunde und -kreise neben den Schriften Lorbers noch andere neue Offenbarungen auf ihrer „Wahrheitssuche" zu Rate ziehen. Auf Nachfrage zu diesem Problem antwortete der damalige Geschäftsführer der Lorber-Gesellschaft Georg Ruske lapidar: „Daß sich innerhalb der Kreise bzw. bei den einzelnen Freunden Überschneidungen ergeben, wird toleriert, aber das ist in der Regel eine Entscheidung jedes Einzelnen."[30] Dennoch ist besonders die Lorber-Gesellschaft laut Satzungsziel bemüht, an den Aussagen der „Neuoffenbarung" Lorbers festzuhalten und – soweit möglich – sektiererische Tendenzen zu unterbinden durch Aussprachen, durch Schulungen der Leiter von Freundeskreisen und durch die Zeitschrift „Geistiges Leben". Freilich fällt es den Lorber-Freunden schwer, sich von anderen „neuoffenbarerischen" Strömungen abzusetzen und abzugrenzen. Dafür fehlen die maßgeblichen und vor allem auch eindeutigen Kriterien. Zu eng sind alle „Neuoffenbarer" in ihrer Grundbotschaft und im Wesen der Übermittlung verwandt[31]:

1. *Der Anspruch wird erhoben, ein universales Weltbild zu übermitteln.*

2. *Es handelt sich, so die Empfänger der Botschaften, um eine neue*

Weltsicht, doch werden hier im Grunde jeweils mystisch-spiritualisti-sche und ansatzweise gnostische Tendenzen greifbar.

3. Sie stimmen überein in dem Anspruch, das „innere Wort" zu emp-fangen, das von höchster Autorität und damit unhinterfragbar sei.

Unbestritten ist für die Lorber-Freunde, daß Gott sich immer wieder Menschen, meist solche mit schlichtem Gemüt, bedienen könne, um auf diese Weise seinen Willen an die Menschheit zu übermitteln. Doch daß damit möglicherweise nicht mehr zu überprüfende sowie durchaus sektiererische Strömungen in diesem Denken ihren Platz haben, wird nicht deutlich genug gesehen. Das Problem liegt schon in dem An-spruch begründet, der über das sola scriptura („allein die Schrift") hinausgehen und ein tieferes, aktuelles Gotteswort bieten will.

In vielen Fällen hat dieser Anspruch, daß noch weitere Quellen ergän-zend oder gar interpretierend an die Seite der Heiligen Schrift Alten und Neuen Testaments zu stellen seien, zur Gründung einer festen religiösen Sondergruppe oder Neureligion geführt (z. B. Universelles Leben, Fiat Lux, Michaelsvereinigung in Dozwil/Thurgau[32], die Ver-einigungskirche des Sun Myung Mun, Mormonen). Wenngleich die Lorber-Bewegung einen solchen Schritt ablehnt und sich von offiziel-ler Seite dagegen zur Wehr setzt, so sind doch in dem erhobenen An-spruch, einer neuen Offenbarung Christi zu folgen, solche Tendenzen in der „Neuoffenbarungstheologie" der Lorber-Freunde bereits ange-legt, nämlich mehr zu wissen als die Kirchen und die „Kirchenchri-sten"[33]. In manchen Fällen kann dies nicht ohne Folgen bleiben, inbe-sondere dann, wenn sich Neuoffenbarungsanhänger auf den Weg machen, ihrem Vorbild nachzueifern, um eines Tages selbst eine „in-nere Stimme" zu hören.

VIII. Beurteilung und Kritik aus kirchlicher Sicht

1. Neuzeitlicher Spiritualismus

Das einigende Band der Geistgeschwister bildet lediglich die literarische Hinterlassenschaft des „Schreibknechts Gottes", nicht seine Person. Das entfaltete Lehrsystem, das göttlichen Ursprungs sein will, beansprucht quasibiblische und damit kirchliche Relevanz. Insgesamt können die zahlreichen Sonderlehren, die die Lorber-Bewegung vertritt, als exemplarisches Modell einer neuzeitlichen spiritualistischen Weltdeutung und -bewältigung verstanden werden. Die in diesem Zusammenhang gegebenen Antworten, die sich sehr stark an das Weltbild des vorigen Jahrhunderts anlehnen, erinnern an zahlreiche mystische, zum Teil ältere christlich-theosophische Strömungen, aber auch okkulte Wurzelstränge, die erkennbar gnostisierende Züge aufweisen. Letzteres schlägt sich in der Überbetonung der *Lehre* nieder, die in Form der Neuoffenbarung für den Menschen jenseitiges Licht in das irdische Dunkel bringt, Wissen vermittelt und so die persönliche Evolution vorantreiben kann.

Dennoch findet sich in dem Werk auch eigenständiges Gedankengut, das im engen Zusammenhang mit Lorbers Persönlichkeitsstruktur, seinen persönlichen Fragen und Antworten gesehen werden muß. Das spiritualistische Widerfahrnis zählt hier gleichfalls dazu. Dementsprechend muß das Werk relativiert und zeitgeschichtlich eingeordnet werden.

2. Sonderfall unter den Neuoffenbarungsbewegungen

Gegenüber anderen Neuoffenbarungsbewegungen bleibt die Lorber-Bewegung auffällig im Hintergrund. Dies mag einerseits an ihrer gruppenspezifischen Erscheinungsform liegen, zum anderen an dem relativ hohen Alter der „Neu"-Offenbarung. Zudem verzichten die Lorber-Freunde bewußt darauf, als geschlossene Gruppe nach außen in Erscheinung zu treten. Der *eigentliche* Grund ist m.E. in den Botschaften Lorbers selbst zu suchen. Sie sind so stark „verinnerlicht", daß die Frage einer äußeren Gemeinschaftsbildung eher bedeutungslos wird, da sie sich in ihrem Kern an die einzelne Menschenseele wenden, die „durchgeistigt" und auf den rechten „Weg" gebracht werden soll.

Neuoffenbarungen und Jenseitskundgaben verschiedenster Richtungen können gleichermaßen verstanden werden als *religiöse Protestbewegungen*, die in einer rationalisierten, hochtechnisierten Welt weltanschauliche Alternativen in Form von sinnstiftendem Über-Wissen anbieten möchten. Auffällig ist bei den Lorberianern, daß sie – im Gegensatz zu anderen verfestigten Neuoffenbarungsgruppen – in großer Zahl bewußt kirchlich orientiert und engagiert sein *wollen*. Doch der von ihnen nicht zugelassene Zweifel an der göttlichen Urheberschaft der Botschaften, ihr dezidierter „Neuoffenbarungs-Fundamentalismus", führt sie in die gruppenspezifische Isolation. Die Lorber-Lektüre und das Gruppengespräch mit Geistgeschwistern bilden oft die einzigen Formen, das Gelesene zu verarbeiten und zu vertiefen, während die „Außenwelt" als unbelehrbar und unwissend empfunden wird. Demgegenüber scheint die Neuoffenbarung Lorbers Sicherheit zu bieten durch ein Wissen, das Geborgenheit vermittelt und die Gewißheit schenkt, ähnlich dem verlorenen Sohn im biblischen Gleichnis unterwegs zu sein in das göttliche Vaterhaus.

Wenngleich von seiten der Lorber-Bewegung kein kirchenfeindlicher Geist spürbar wird, bleibt das Verhältnis der Lorber-Kreise zur Kirche gespannt, eben weil diese dem neuoffenbarten Wissen über Gott/Christus, Mensch, Kosmos und den Heilsplan ihre Anerkennung versagt. Entfremdung und innere Distanz zu der als rein „äußerlich" empfundenen Kirche sind bei manchen Lorber-Freunden die Folge. Von ihrer formalen Struktur her wäre die Lorber-Bewegung vergleichbar mit dem Phänomen der im 16. Jahrhundert in Erscheinung tretenden *„Schwenckfelder"*, einer kirchlich distanzierten, ihr Eigenleben pflegenden Lesegemeinde mystisch-spiritualistischer Prägung[1]. Die Lorber-Freunde akzentuieren gleichermaßen den ausschließlichen Verkehr mit Gott im Inneren, im Herzen des Menschen. „Äußere" Dinge, wie Kirche oder Abendmahl, werden dagegen eher unwichtig.

Innerhalb der Lorber-Bewegung zeigt sich eine reiche literarische Produktivität. In zwei Zeitschriften, in Form des brieflichen Gedankenaustausches, durch Tagungen und Seminare erfolgt die Aneignung und Vertiefung der Lorber-Lektüre. Wie es scheint, wird der Verlust an gesellschaftlicher und auch kirchlicher Wirksamkeit durch eine reiche interne literarische Produktivität (etwa durch regelmäßige Stellungnahmen oder Leserbriefe in den Publikationen der Lorber-Bewegung) wettgemacht. Hier fühlt man sich „geistig zuhause", eben unter „Geistesgeschwistern". Hier findet überwiegend die gedankliche Durchdringung des Lorber-Werkes statt.

In manchen Fällen scheint das Schrifttum für individuelle Bedürfnisse nicht immer auszureichen, besonders wenn es um aktuelle oder jenseitsbezogene Fragen geht. Inzwischen bietet der religiöse Markt ein breites Sortiment gnostischer, synkretistischer, offenbarungsspiritistischer Kundgaben und verstärkt bei Suchenden den Wunsch, tiefer in die göttlichen Geheimnisse einzudringen. Dies kann soweit führen, daß einzelne versuchen, ihrem Vorbild Lorber nachzueifern und die „innere Stimme" in sich sprechen zu hören. Solche selbstinduzierten Offenbarungserlebnisse können möglicherweise unverarbeitete persönliche Ängste und Wünsche enthalten, die sich dabei zu Wort melden und nicht als eigene erkannt, sondern einer höheren Instanz zugeschrieben und häufig dramatisiert werden[2].

Unter Umständen können sektiererische und fanatische Tendenzen in Erscheinung treten, wie der von dem ehemaligen Lorber-Freund Harald Stößel ins Leben gerufene *Lichtkreis Christi* unter Beweis stellt. Dieser Fall zeigt nur allzu deutlich, daß „Neuoffenbarungen" von ihrem Anspruch her sehr schnell die Neubildung eines religiösen Systems mit einer dazugehörigen Schar von enthusiastischen Gläubigen nach sich ziehen können.

3. Jenseitswissen als Glaubens- und Lebenshilfe?

Die Aufforderung des Apostel Paulus: „Prüfet alles, und das Gute behaltet" (1 Thess 5,21), darf sich nicht nur auf eine inhaltliche „Prüfung" beschränken, sondern muß vor allem den sich hinter den neuen Offenbarungen verbergenden Anspruch kritisch durchleuchten. Dazu bedarf es sicherlich eines kritisch geschulten Verstandes, der als eine Gottesgabe verstanden werden kann und nichts Unchristliches ist. Er erscheint hier dringend geboten, um zu verhindern, daß ein unhinterfragbarer Autoritätsglaube gegenüber einem „Neuoffenbarungssystem" die Oberhand gewinnt. In der kirchlichen Auseinandersetzung muß deutlich werden, worin die unvereinbaren Gegensätze zwischen der Christus-„Offenbarung" sowie der Schrift als Trägerin dieser Offenbarung einerseits und den belehrenden Kundgaben bzw. „Offenbarungen" eines Jakob Lorber andererseits bestehen.

Ein Hinweis auf die Art der Botschaftsübermittlung an den „Schreib-knecht Gottes" reicht für die Bestätigung eines Wahrheitsanpruches nicht aus. Subjektive Sonder-Erlebnisse können nicht den Anspruch erheben, die Bibel recht interpretieren oder gar ergänzen zu können. Eine inhaltliche Auseinandersetzung mit den Grundzügen der „Neuoffenbarung" hat vielerlei Widersprüche zur Bibel zu Tage gefördert. Nach christlich-theologischem Urteil kann das Werk Lorbers schon von daher nicht göttlichen Ursprungs sein. Es mag vielleicht Erbauliches darin zu finden sein, mancher mag darin Hilfen für den persönlichen Glauben gefunden haben, doch einen christlich-normativen Charakter, wie ihn die Bibel für die Weltchristenheit besitzt, können diese sicherlich sehr subjektiv gefärbten und zeitgebundenen Aussagen des 19. Jahrhunderts nicht beanspruchen. Sie bleiben, was sie sind: Niederschriften eines zwar bescheidenen, aber doch grüblerischen Mannes, der aufgrund eines emotional tiefgehenden Erlebnisses den Weg nach innen wählte und über die „innere Stimme" Antworten für sich und seine Zeit gefunden hatte. Auch anderen seiner Umgebung sprachen diese Mitteilungen sicherlich aus dem Herzen. Das Unbehagen an den Folgen der Aufklärung, die Suche nach einer Wiederverzauberung einer erklärbar gewordenen und technisch sich rasch wandelnden Welt sowie Suchtendenzen nach einem Über-Wissen im christlichen Gewande scheinen begünstigende Faktoren für die positive Aufnahme bei bestimmten Personen gewesen zu sein, die sich gegen jegliche kirchliche Bevormundung wehrten und sich den *unmittelbaren* Zugang zu göttlichen Geheimnissen verschaffen wollten. Lorbers Mitteilungen erschienen ihnen wie ein von Gott geschenkter „Stein der Weisen", der Glaube und neuzeitliches Weltbild miteinander in Einklang bringen konnte. Die merkwürdigen Entstehungsweise und der monumentale Umfang der Niederschriften ließen mystisch-spiritualistisch Interessierte schnell aufhorchen.

Das mag auch jetzt noch ein Grund sein, warum heutige Menschen sich den „Neuoffenbarungen" Lorbers zuwenden. Ob diesen Antworten, die Lorber für seine Zeit zu geben versuchte, ein ewig-gültiger Wahrheitsanspruch beigemessen werden darf, muß allerdings bezweifelt werden. Sie sind deswegen von der Bibel als der Richtschnur christlichen Glaubens her zu beurteilen und entsprechend einstufen.

Lorbers Niederschriften bleiben demzufolge menschlich-zeitgebundene Kundgaben – vorbereitet und geformt duch okkultistische Literatur – mit Fehlern, Vorurteilen und geprägten Vorstellungen der damaligen Zeit. Lorber-Freunde unterschätzen diesen Sachverhalt. Sie sollten sich stärker bewußt sein, daß hinter dem Anspruch der neuen Offenbarungen auch die Gefahr liegt, einigermaßen unkritisch vieles für bare Münze zu nehmen.

Demgegenüber muß betont werden, daß es nach biblisch-christlichem Verständnis verfehlt wäre, sich im Glauben und Leben auf angeblich vom „Himmel" diktierte Bücher, gar auf neue „Jesus-Texte" zu stützen, statt auf die lebendige Hoffnung in Jesus Christus, in dem alle Wahrheit erschienen ist (Joh 1,17). Nicht ohne Grund lautet die Botschaft des Neuen Testaments, daß Jesus Christus, der Sohn Gottes, Mensch wurde und ins „Fleisch" gekommen ist, nicht um Menschen zu belehren, sondern um sie zu retten.

Literaturverzeichnis

Einzelne Aufsätze aus den Zeitschriften der Lorber-Bewegung werden hier nicht aufgeführt. Ihr genauer Fundort ist jeweils in den Anmerkungen angegeben.

I. Quellen

1. Werke Jakob Lorbers

Jakob Lorber:

- Briefwechsel zwischen Abgarus Ukkama, Fürst von Edessa, und Jesus von Nazareth, Bietigheim 1992[9].
- Erde und Mond, Bietigheim 1969.
- Die geistige Sonne. Mitteilungen über die geistigen Lebensverhältnisse des Jenseits, Bd. 1 und 2, Bietigheim 1975[6].
- Haushaltung Gottes. Geschichte der Urmenschheit Bd. 1-3, Bietigheim 1961-1964[4].
- Die Heilkraft des Sonnenlichtes, Bietigheim 1990[5].
- Himmelsgaben Bd. 1 und 2. Worte aus der Höhe der Höhen, nebst den großen Werken der Neuoffenbarung kundgetan durch Jakob Lorber, Bietigheim 1935/36 (=Neudruck 1984).
- Himmelsgaben, Bd. 3, 1. Auflage, Bietigheim 1993.
- Jenseits der Schwelle. Sterbeszenen, Bietigheim 1990[7].
- Johannes, das große Evangelium. Empfangen vom Herrn durch Jakob Lorber, Bd. 1-10, Bietigheim 1981-1986[7].
- Die Jugend Jesu. Das Jakobus-Evangelium, 7. Aufl., Bietigheim o.J.
- Bischof Martin. Die Entwicklung einer Seele im Jenseits, Bietigheim 1960[3].

2. Broschüren, Aufsätze, Bücher aus dem Umfeld der Lorber-Bewegung

Kurt Eggenstein: Der Prophet Jakob Lorber, München 1992.
Leopold Engel: Johannes, das große Evangelium Bd. 11, Bietigheim 1987.
Christoph Friedrich Landbeck (Hg.): Frohe Botschaft vom Morgenroth des Neuen Geistestages. Licht von Oben über die Grundelemente beim Tischrücken, Klopfen und Schreiben mit Winken über psychische Kraftäußerungen und wirkliche Geisterkorrespondenz. Empfangen vom Herrn durch Jakob Lorber. Mit neuem Anhang: Weitere Mittheilungen von seligen Freunden über Magnetismus, Spiritismus und Liebe, Sammlung von Neu-Salems Schriften, Bietigheim 1913[3].

Karl Gottfried Ritter von Leitner:
- Jakob Lorber. Lebensbeschreibung, Bietigheim 1969[4].
- Wahrheitsgetreue Lebensskizze Jakob Lorbers, in: Psychische Studien 6 (1879), S. 481-489.

Lorber-Gesellschaft e.V. (Hg.): Wir über uns. Informieren. Begegnen. Bewahren, Bietigheim o.J.

Lorber-Verlag (Hg.): Briefe Jakob Lorbers. Urkunden und Bilder aus seinem Leben, Bietigheim 1931.

Walter Lutz:
- Die Grundfragen des Lebens in der Schau des Offenbarungswerkes Jakob Lorbers, Bietigheim 1969.
- Neuoffenbarung am Aufgang des 3. Jahrtausends, Bd. 1-3, Bietigheim 1969.

MIRON e.V. (Hg.): Sonnenheilmittel. Herstellung, Diät, Anwendung, Heilverlauf, Adressen, Olten/Schweiz 1989.

Rainer Uhlmann: So sprach der Herr zu mir. Einführung in das prophetische Werk Jakob Lorbers, Bietigheim 1987.

Friedrich Zluhan (Hg.): Begegnung mit dem prophetischen Werk Jakob Lorbers. Gedenkschrift des Lorber-Verlages zum 150. Jahr der Berufung Jakob Lorbers zum „Schreibknecht Gottes", Bietigheim 1990.

Otto Zluhan: Neue Prophetie – Jakob Lorber, Bietigheim 1960.

3. Zeitschriften und Mitteilungsblätter der Lorber-Bewegung

- Briefe der Lorber-Studiengemeinschaft 1985 ff.
- *DAS WORT.* Zeitschrift für ein vertieftes Christentum. Bietigheim 1978 ff.
- *Geistiges Leben.* Zeitschrift für Freunde der Neuoffenbarung durch Jakob Lorber. Mitteilungen der Lorber-Gesellschaft e.V. Bietigheim 1981 ff.
- Mitteilungen des Lorber-Verlages (Beilage zu *DAS WORT*, 1981-1987).
- Mitteilungen des Lorber-Verlages und des Jakob Lorber Förderungswerkes e.V. 1987 ff.
- Mitteilungsblatt der Lorber-Gesellschaft, Bietigheim (als Beilage zu *DAS WORT*, 1968 bis ca. 1980).
- *Wille und Wahrheit.* Zeitschrift aus dem Geiste der Neuoffenbarung. Organ der Österreichischen Jakob Lorber-Gesellschaft, 1976 ff.

4. Weitere Literatur:

León Favre-Clavairoz: Unbekannte Medien, in: Psychische Studien 5 (1878), S. 158-160.

Friedemann Horn:
- Zum Problem der Offenbarungskritik insbesondere bei Swedenborg und Lorber, in: Offene Tore 19,5 (1975), S. 125-130.
- Zu den Raktionen auf den Artikel „Zum Problem der Offenbarungskritik", in: Offene Tore 21,2/3 (1977). Sonderheft „Reinkarnation", S. 132-140.

Eugen Lennhoff/Oskar Posner: Internationales Freimaurerlexikon, Wien/ München 1932 (= 1973).

Sukeyoshi Shimbo: Über Johann Heinrich Jung-Stillings „Theorie der Geisterkunde", in: Zeitschrift für Parapsychologie und Grenzgebiete der Psychologie 30/1988, S. 243-250.

II. Kritische Literatur

Helmut Aichelin: Außerkirchliche religiöse Gemeinschaften (Christliche Sekten), in: *Anton Peisl/Armin Mohler (Hg.):* Kursbuch der Weltanschauungen, Schriften der Carl Friedrich von Siemens-Stiftung Bd. 4, Frankfurt/M. 1980, S. 203-244.

Jan Badewien: Anthroposophie. Eine kritische Darstellung, Konstanz 1990[4].

Friedrich Beißer: Hoffnung und Vollendung, Handbuch Systematischer Theologie 15, Gütersloh 1993.

Norbert Brox: Erleuchung und Wiedergeburt. Aktualität der Gnosis, München 1989.

Ulrich Bunzel: Die nebenkirchlichen religiösen Gemeinschaften Schlesiens. Ihre geschichtliche Entwicklung und gegenwärtige Verbreitung, Liegnitz 1936.

Carsten Colpe: Religion und Mythos im Altertum, in: *ders./Wilhelm Schmidt-Biggemann* (Hg.): Das Böse. Eine historische Phänomenologie des Unerklärlichen, Frankfurt/M. 1993, S. 13-89.

Oswald Eggenberger:
– Die Kirchen, Sondergruppen und religiösen Vereinigungen. Ein Handbuch, Zürich, 1990[5].
– „Lorber-Gesellschaft", in: EKL[3], Bd. 3, Göttingen 1992, Sp. 185.

Andreas Fincke: Jesus Christus im Werk Jakob Lorbers. Untersuchungen zum Jesusbild und zur Christologie einer „Neuoffenbarung", Diss. (unveröff.), Halle-Wittenberg 1992.

Joachim Finger:
– Neue „Evangelien" und „Offenbarungen" – eine Einführung, in: Jesus außerhalb der Kirche. Das Jesusverständnis der neuen religiösen Bewegungen, Weltanschauungen im Gespräch Bd. 5, Zürich 1989, S. 97-124.
– Jesus – Essener, Guru, Esoteriker? Neuen Evangelien und Apokryphen auf den Buchstaben gefühlt, Mainz/Stuttgart 1993.

Wilhelm Gauger: Botschaft in Offenbarungsbüchern – Phantasie oder Vision?, in: Zeitschrift für Parapsychologie und Grenzgebiete der Psychologie 30,1-4 (1988), S. 183-201.

Walter Geppert: Adventisten-Sabbatisten – Spiritisten – Neu-Salems-Christen, Neuffen 1954.

Hans-Jürgen Glowka: Deutsche Okkultgruppen 1875-1937, HIRAM-Edition 12, München 1981.

Traugott Gölthenboth: Kurze Einführung in Wesen und Lehren des Spiritismus und Spiritualismus, in: *Wolfram Janzen:* Okkulte Erscheinungen, Astrologie, Spiritismus. Materialien, Kommentare und Unterrichtsversuche zur Auseinandersetzung von Parapsychologie, Okkultismus und christlichem Glauben, Stuttgart 1975, S. 154-174.

Bernhard Grom:
- Anthroposophie und Christentum, München 1989.
- Religionspsychologie, München/Göttingen 1992.

Friedrich-Wilhelm Haack:
- Rendezvous mit dem Jenseits. Der moderne Spiritismus/Spiritualismus und die Neuoffenbarungen. Bericht und Analyse, NADA-Edition 1, München 1986[2].
- Das Heimholungswerk der Gabriele Wittek und die Neuoffenbarungsbewegungen, München 1985.
- Zur Frage der „Doppelmitgliedschaft" kirchlicher Mitarbeiter, in: *Konsultation Landeskirchliche Beauftragte (Hg.):* Gefahren durch Gruppen am Rande der Kirchen, Dokumentations-Edition 5, München 1984, S. 23-27.

Günter Haufe: Individuelle Eschatologie im Neuen Testament, in: Zeitschrift für Theologie und Kirche 83 (1986), S. 436-463.

Hans Heimann: Prophetie und Geisteskrankheit, Basel 1956.

Max Heimbucher: Der falsche Mystiker Jakob Lorber und die „Neu-Salems-Schriften", Regensburg 1928.

Friedrich Heyer: Anthroposophie – ein Stehen in Höheren Welten?, R. A. T. 3, Konstanz 1993.
- Konfessionskunde, Berlin/New York 1977.

  Ekkehard Hieronimus: Okkultismus und phantastische Wissenschaft, in: *Anton Peisl/Armin Mohler (Hg.):* Kursbuch der Weltanschauungen, Schriftenreihe der Carl Friedrich von Siemens-Stiftung Bd. 4, Frankfurt/Main 1980, S. 301-349.

  Reinhart Hummel: Reinkarnation. Weltbilder des Reinkarnationsglaubens und das Christentum, Stuttgart/Mainz 1988.

  Kurt Hutten:
- Die Glaubenswelt des Sektierers. Das Sektentum als antireformatorische Konfession – sein Anspruch und seine Wirklichkeit, Hamburg 1957.
- „Lorber-Gesellschaft", in: RGG[3], Bd. 4, Sp. 449.
- Seher, Grübler, Enthusiasten. Das Buch der traditionellen Sekten und religiösen Sonderbewegungen, Stuttgart 1968[11], 1982[12].
- Was glauben die Sekten?, Stuttgart 1965.

Jakob Ibouning: Der Weg von Fiat Lux. Entstehung, Lehre – Praxis, Erfahrungsbericht, hg. vom *Referat für Weltanschauungsfragen Wien,* Nr. 49 der Werkmappe „Sekten, religiöse Sondergemeinschaften, Weltanschauungen", Wien 1988, S. 3-32.

Wilfried Joest:
- Dogmatik Bd. 1. Die Wirklichkeit Gottes, Göttingen 1984.
- Dogmatik Bd. 2. Der Weg Gottes mit dem Menschen, Göttingen 1986.

M. Krawielitzki: Die Neu-Salems-Bewegung. Die Mazdaznan-Tempel-Vereinigung, Bad Blankenburg 1931.

Bernhard Lang/Colleen McDannell: Der Himmel. Eine Kulturgeschichte des ewigen Lebens, Frankfurt/M. 1990.

J. Gordon Melton: The Encyclopedia of American Religions, Detroit/Michigan 1987[2].

August Messer: Die „Gottesbotschaft" Jakob Lorbers, in: Philosophie und Leben 5 (1929), S. 251-258.

Wolfram Mirbach: Universelles Leben – Originalität und Christlichkeit einer Neureligion, Erlangen (im Druck).

Johannes Mischo:
– Okkultismus bei Jugendlichen. Ergebnisse einer empirischen Untersuchung, Mainz 1991.
– Okkultismus und Seelsorge, in: New Age – aus christlicher Sicht, Weltanschauungen im Gespräch Bd. 1, Zürich 1987, S. 127-165.

Joachim Müller: Kontakte mit dem Jenseits? Spiritismus/Spiritualismus heute, in: Kontakte mit dem Jenseits? Spiritismus aus christlicher Sicht, Weltanschauungen im Gespräch Bd. 6, Freiburg/Zürich 1988, S. 9-24.

Helmut Obst: Außerkirchliche religiöse Protestbewegungen der Neuzeit, Kirchengeschichte in Einzeldarstellungen III/4, Berlin 1990.

Wolfhart Pannenberg: Systematische Theologie Bd. 2, Göttingen 1991.

Matthias Pöhlmann: „Sonnenlicht e. V." für die Verbreitung von Lorbers Sonnenheilmittel, in: Materialdienst der EZW 55 (1992), S. 303-306.

Karl Rahner: Visionen und Prophezeiungen, Quaestiones Disputatae 4, Freiburg 1958.

Ulrich Rausch/Eckhard Türk: Geister-Glaube. Arbeitshilfe zu Fragen des Okkultismus, Düsseldorf 1991.

Hans-Diether Reimer:
– „Lorber-Gesellschaft", in: Materialdienst der EZW 35 (1972), S. 154-155.
– Der Kreis der Neuoffenbarer, in: Materialdienst 39 (1976), 194-201.
– „Barmen 1934" – Die Aktualität einer apologetischen Erklärung, in: Materialdienst der EZW 47 (1984), S. 154-157.
– „Offenbarungen, neue", in: *Volker Drehsen u. a. (Hg.):* Wörterbuch des Christentums, Gütersloh 1988, Sp. 911-912.

Horst Reller/Manfred Kießig/Helmut Tschoerner (Hg.): Handbuch Religiöse Gemeinschaften, Gütersloh 1993[4].

Reinhard Rinnerthaler:
– Jakob Lorber und seine „Neuoffenbarung", Dokumentation 4/80 der Werkmappe „Sekten und religiöse Gemeinschaften in Österreich" (hg. vom Referat für Weltanschauungsfragen, Sekten und religiöse Gemeinschaften), Wien 1981.
– Zur Kommunikationsstruktur religiöser Sondergemeinschaften am Beispiel der Jakob-Lorber-Bewegung, Diss. (unveröff.), Salzburg 1982.

Hans-Jürgen Ruppert:
– „Lorber-Bewegung", in*: Hans Gasper/Joachim Müller/Friederike Valentin (Hg.):* Lexikon der Sekten, Sondergruppen und Weltanschauungen. Fakten, Hintergründe, Klärungen, Freiburg/Basel/Wien 1990, Sp. 598-602.

- „Neuoffenbarung", ebd., Sp. 728-731.
- Okkultismus. Geisterwelt oder neuer Weltgeist?, Wiesbaden 1990.
- Theosophie – unterwegs zum okkulten Übermenschen, R.A.T. 2, Konstanz 1993.

Harald Schjelderup: Persönlichkeitswechsel und Doppelpersönlichkeit, in: Neue Wissenschaft 13, 2/3 (1965), S. 22-34.

Günter Siedenschnur: Art. „Lorber-Gesellschaft", in: EKL, Bd. 2, Göttingen 1958, Sp. 1153-1154.

Antoinette Stettler-Schär: Jakob Lorber. Zur Psychopathologie eines Sektenstifters, Inaugural-Diss., Bern 1966.

Josef Sudbrack: Mystik. Selbsterfahrung – Kosmische Erfahrung – Gotteserfahrung, Mainz/Stuttgart 1988.

Werner Thiede:
- Auferstehung der Toten – Hoffnung ohne Attraktivität?, Göttingen 1991.
- Der neuzeitliche Okkultismus in theologischer Perspektive, in: Kerygma und Dogma 33 (1987), S. 279-302.
- Die mit dem Tod spielen. Okkultismus – Reinkarnation – Sterbeforschung, Gütersloh 1994.
- Die Zeit aus dem Sinn tun. Wie modern ist Luthers Auferstehungshoffnung?, in: Lutherische Monatshefte 31,7 (1992), S. 297-299.

Michael Welker: Gottes Geist. Theologie des Heiligen Geistes, Neukirchen-Vluyn 1992.

Anmerkungen

Beim „Großen Evangelium" nach Lorber wird jeweils die Band-, Kapitel- und Verszahl angegeben.

Kapitel I

1. *K. Eggenstein:* Der Prophet Jakob Lorber, München 1992, S. 11 f.
2. *H. Hoffmann:* Jakob Lorber, der österreichische Prophet für die endzeitliche Welt, in: „Esoterik Jahrbuch 1988", München 1988, S. 113-123, hier: S. 113.

Kapitel II

1. *Karl Gottfried Ritter von Leitner:* Jakob Lorber. Lebensbeschreibung, Bietigheim 1969⁴.
2. *Lorber-Verlag (Hg.):* Briefe Jakob Lorbers. Urkunden und Bilder aus seinem Leben, Bietigheim 1931. Vgl. auch *R. Uhlmann:* So sprach der Herr zu mir. Einführung in das prophetische Werk Jakob Lorbers, Bietigheim 1987, S. 11-19.
3. *Ritter von Leitner:* Wahrheitsgetreue Lebensskizze Jakob Lorbers, in: Psychische Studien 6/1879, S. 484. So ist deutlich, daß Lorber entgegen der Behauptung Leopold Cantilys (in: Lorber-Verlag, Hg.: Briefe Jakob Lorbers, S. 112) sehr wohl über Lateinkenntnisse verfügte, die ihm dann grundsätzlich auch eine Lektüre der lateinisch abgefaßten Werke Swedenborgs ermöglichten.
4. *Ritter von Leitner* (a. a. O., S. 13) erwähnt in diesem Zusammenhang einen sicherlich nicht unwichtigen Charakterzug Lorbers, der zum Abbruch seiner Studien führte: „Daß es ihm dadurch erschwert wurde, in seinen Studien jene hervorragende Stellung, die er unter seinen Mitschülern bisher eingenommen hatte, auch ferner zu behaupten, verleidete ihm das weitere Studieren so sehr . . ."
5. Ebd., S. 19 f.
6. *Ritter von Leitner:* Wahrheitsgetreue Lebensskizze Jakob Lorber's, S. 485.
7. *L. Favre-Clavairoz:* „Unbekannte Medien", in: Psychische Studien 5/1878, S. 153-161; hier: 158 f.
8. *Ritter von Leitner:* Wahrheitsgetreue Lebensskizze Jakob Lorber's, a. a. O., S. 481-489.
9. Nach einer Notiz des Zeitgenossen und frühen Lorber-Anhängers *Leopold Cantily* (in: Briefe Jakob Lorbers, S. 112) soll Lorber nur oberflächlich die Werke Swedenborgs gelesen haben. Wie es heißt, soll Lorber z. B. „den ganzen Swedenborg ‚Vera Christiana Religio' unaufgeschnitten" an Cantily übergeben haben. Weniger wahrscheinlich ist die Vermutung *J. Fin-*

gers (Jesus – Esserer, Guru, Esoteriker?, Stuttgart/Mainz 1993, S. 85), wonach Lorber die Botschaften der *Anna Katharina Emmerick* (1774-1824) „gekannt haben und davon zumindest angeregt worden sein" soll. Dafür fehlen die entsprechenden Hinweise im Leben Lorbers. Zudem sind seine Kundgaben viel stärker spiritualistisch orientiert. Darauf weist nicht zuletzt sein Lesestoff einschlägiger Literatur hin.

10. *Kurt Eggenstein:* Der Prophet Jakob Lorber, München 1992, S. 17 ff.
11. *M. Eckl:* Jakob Lorber, in: Das Wort 60 (1990), S. 4.
12. *A. Fincke:* Jesus Christus im Werk Jakob Lorbers. Untersuchungen zum Jesusbild und zur Christologie einer „Neuoffenbarung", Diss. Halle-Wittenberg 1992, S. 13.24.
13. *Ritter von Leitner:* Jakob Lorber. Lebensbeschreibung, S. 17.
14. Vgl. im folgenden: *E. Lennhoff/O. Posner (Hg.):* Internationales Freimaurerlexikon, Wien/München 1973 (=1932), Sp. 875 f.
15. Ebd., Sp. 875.
16. Ebd., Sp. 876.
17. *Ritter von Leitner,* a. a. O., S. 18.
18. „Worte des Herrn an die Tochter Hüttenbrenners: ‚Daher beachte du in der Zukunft nun alles, was dir der Knecht sagt! Denn solches redet er nicht aus sich, sondern aus Mir . . ." (Lorber, Himmelsgaben, Bd. 2, S. 99 f.).
19. *Ritter von Leitner,* a. a. O., S. 19 f.
20. Ebd., S. 35.
21. Ebd., S. 19.
22. *Ritter von Leitner,* a. a. O., S. 24.
23. Ebd., S. 25.
24. *R. Uhlmann:* Kritische Stellungnahme, in: Das Wort 58 (1988), S. 173.
25. *Ritter von Leitner,* a. a. O., S. 26.
26. *Lorber:* Himmelsgaben II, S. 436.
27. Vgl. K. Eggenstein, a. a. O., S. 22; M. Eckl (Jakob Lorber – Leben und Werk eines Gottesboten, S. 7) erklärt: „Dennoch war er kein ‚Schreibmedium', denn seine Schriftwerke sind nicht durch ‚automatisches Schreiben' entstanden".
28. *M. Eckl,* a. a. O., S. 7 f.
29. *Ritter von Leitner,* a. a. O., S. 35.
30. *Ritter von Leitner:* Wahrheitsgetreue Lebensskizze Jakob Lorber's, in: Psychische Studien, 6/1879, S. 481-489, hier: 482 (Fußnote).
31. So die eigenhändige Unterschrift Lorbers in einem Brief an seinen Bruder im Jahr 1840 (in: Himmelsgaben I, S. 109).
32. Satzung der Lorber-Gesellschaft aus dem Jahre 1948.
33. Aus der Broschüre des Lorber-Verlages „Ein Mann hört eine Stimme", Bietigheim o.J., S. 5.
34. *M. Heimbucher:* Der falsche Mystiker Jakob Lorber, S. 39.
35. *E. Hieronimus:* Okkultismus und phantastische Wissenschaft, S. 313.
36. *H. Heimann,* Prophetie und Geisteskrankheit, S. 24.
37. *A. Stettler-Schär:* Jakob Lorber. Zur Psychopathologie eines Sektenstifters, S. 51.

38. Ebd., S. 53.
39. Von katholischer Seite wird auf die grundsätzliche Möglichkeit sog. „*Privatoffenbarungen*" hingewiesen, die allerdings zu der abgeschlossenen Christusoffenbarung keine weiterführenden Inhalte hinzufügen könnten. Sie „sind in ihrem Wesen ein *Imperativ*, wie in einer bestimmten geschichtlichen Situation von der Christenheit gehandelt werden soll" (*K. Rahner:* Visionen und Prophezeiungen, Freiburg 1958, S. 27; vgl. *J. Sudbrack:* Mystik, Mainz/Stuttgart 1988, S. 79 f.).
40. *J. Mischo:* Okkultismus und Seelsorge, in: New Age – aus christlicher Sicht, Weltanschauungen im Gespräch, Bd. 1, S. 127-165; S. 163.
41. Zum folgenden *B. Grom:* Religionspsychologie, S. 302 ff.
42. Ebd., S. 310.
43. Vgl. insgesamt die Übersicht bei *J. Mischo:* Okkultismus bei Jugendlichen. Ergebnisse einer empirischen Untersuchung, Mainz 1991, S. 185-201.
44. Ebd., S. 315 f.
45. *A. Fincke*, a. a. O., S. 24.
46. Ebd.
47. *F.-W. Haack*, Das Heimholungswerk der Gabriele Wittek und die Neuoffenbarungsbewegungen, S. 53.
48. *W. Geppert*, Adventisten – Spiritisten – Neu-Salems-Christen, S. 27.
49. In einem früheren Buch noch hatte Hutten diese Erklärungsmöglichkeit positiv gewürdigt (vgl. *ders.*: Die Glaubenswelt des Sektieres, S. 113; vgl. auch *ders.*: Was glauben die Sekten?, Stuttgart 1965, S. 126 f.).
50. *K. Hutten:* Seher, Grübler, Enthusiasten (1982[12]), S. 614.
51. Ebd., S. 618.
52. Ebd.
53. Vgl. *W. Thiede:* Der neuzeitliche Okkultismus in theologischer Perspektive, S. 290 A. 40a.
54. *K. Hutten:* Seher, Grübler, Enthusiasten (1982[12]), S. 619.
55. Ebd., S. 617.
56. *K. Hutten* in seinem „Gutachten über die Lorber-Kreise" vom 29. 12. 1970.
57. *K. Hutten*, zit. nach: *Lorber-Verlag* (Hg.): Ein Mann hört eine Stimme, S. 9.
58. Börsenblatt für den Deutschen Buchhandel 41 (18/1985), Frankfurter Ausgabe, S. 2000.
59. Vgl. etwa die Erstauflage von *K. Hutten:* Seher, Grübler, Enthusiasten (1950), S. 159 ff., mit der 12., vollständig revidierten und wesentlich überarbeiteten Ausgabe aus dem Jahre 1982, S. 606 ff.
60. *M. Welker:* Gottes Geist. Theologie des Heiligen Geistes, Neukirchen-Vluyn 1992, S. 206.
61. *H. Obst:* Außerkirchliche religiöse Protestbewegungen, S. 88.
62. Zwischen den Lorber-Freunden und den Anhängern Swedenborgs gibt es teilweise Überschneidungen. Man pflegt freundschaftliche Kontakte. Dennoch können sie nicht darüber hinwegtäuschen, daß auch Unterschiede in den jeweiligen „himmlischen Botschaften" zutage treten und

bisweilen sogar deutlich benannt werden. Ein Swedenborgianer formuliert es so: „Vorweg sei betont, daß gerade Swedenborg uns immer wieder vor der Gefahr warnt, etwas ‚auf Autorität hin‘ anzunehmen, ohne es zu prüfen. Mit anderen Worten, er selbst lädt seine Leser ein, ihr geistiges Unterscheidungsvermögen zu gebrauchen. Das hat sich bei seinen Anhängern von jeher so ausgewirkt, daß sie viel kritischer sind als etwa die Anhänger Lorbers und anderer ‚Neuoffenbarer‘“ (*F. Horn:* Zum Problem der Offenbarungskritik insbesondere bei Swedenborg und Lorber, S. 130).

63. Vgl. *K. Hutten:* Die Glaubenswelt des Sektierers, S. 115.
64. H. von Schweinitz, zit. nach *K. Eggenstein,* a. a. O., S. 27 f.
65. *F. Deml:* Prophetie, das große Versäumnis der Kirchen, in: *F. Zluhan (Hg.):* Begegnung mit dem prophetischen Werk Jakob Lorbers, Bietigheim 1990, S. 7-13; S. 13.
66. Vgl. im folgenden *H. Schjelderup:* Persönlichkeitswechsel und Doppelpersönlichkeit, in: Neue Wissenschaft 13,2/3 (1965), S. 29 ff. Eine gute Fallschilderung bietet *J. Mischo:* Okkultismus bei Jugendlichen. Ergebnisse einer empirischen Untersuchung, Mainz 1991, S. 195-199.
67. Ebd., S. 31.
68. C. Cory, zit. nach Schjelderup, a. a. O., S. 32.
69. Ebd., S. 34.
70. *K. Hutten:* Seher, Grübler, Enthusiasten (1962[8]), S. 351. Zu einer ähnlichen, eher pointierten Stellungnahme gelangte der Philosoph *A. Messer* (Die „Gottesbotschaft“ Jakob Lorbers, in: Philosophie und Leben 5/1929, S. 256): „Bei aller Anerkennung der geradezu unerschöpflichen Luft und Kraft des ‚Fabulierens‘ bei Lorber, muß ich doch offen gestehen, daß vieles von einer schwer zu ertragenden Breite und lähmenden Langweiligkeit ist.“
71. *Lorber:* Himmelsgaben I, S. 174.
72. *W. Gutmann:* Das Geschenk zum Weihnachtsfest – das neue Eggenstein-Buch, in: Das Wort 45 (1975), S. 405.
73. *R. Uhlmann,* Der Wert der Prophetie, S. 116.
74. *S. Gertschar:* Das Geburtshaus Jakob Lorbers, S. 161.
75. Bereits in dem zeitgeschichtlichen Auftreten des „Visionärs“ E. Swedenborg läßt sich in der Tat ein Unbehagen an dem Zeitalter der Aufklärung und zugleich eine Gegenreaktion feststellen (vgl. *W. Thiede:* Der neuzeitliche Okkultismus, S. 290). Diese Art von Offenbarungsspiritismus versucht das Christentum für die jeweilige Zeit zu retten, indem angeblich Einblicke in verborgene Wirklichkeiten möglich und damit der Wahrheitsgehalt der christlichen Botschaft mit der Aufklärung in Übereinstimmung gebracht werden sollen (vgl. *J. Finger:* Neue Evangelien und „Offenbarungen“, S. 120 f.).
76. *H. Obst,* a. a. O., S. 84.
77. *H.-D. Reimer:* Der Kreis der Neuoffenbarer, S. 201.
78. Vgl. den Artikel des Swedenborgianers *F. Horn:* Zum Problem der Offenbarungskritik insbesondere bei Swedenborg und Lorber, in: Offene Tore 19, 5/1975, S. 126 ff.

79. Vgl. im folgenden: *H.-D. Reimer:* „Barmen 1934" – Die Aktualität einer apologetischen Erklärung, in: Materialdienst 47 (1984), S. 154-157.
80. Gegen *K. Eggenstein* (Der Prophet Jakob Lorber, München 1992, S. 82), der irrigerweise behauptet: „Die evangelische Kirche lehnt jede Offenbarung überhaupt ab."
81. *H.-J. Ruppert:* Art. „Neuoffenbarung", Sp. 730 f.

Kapitel III

1. Vgl. die Broschüre des Lorber-Verlages: Ein Mann hört eine Stimme, Bietigheim o.J., S. 3.
2. Neu aufgelegt als 7. Aufl. im Jahre 1990 im Bietigheimer Lorber-Verlag unter dem Titel „Jenseits der Schwelle. Sterbeszenen. Durch das innere Wort des Geistes empfangen von Jakob Lorber".
3. Vgl. *W. Lutz:* Die Grundfragen des Lebens in der Schau des Offenbarungswerkes Jakob Lorbers, Bietigheim 1969; *ders.:* Neuoffenbarung am Aufgang des 3. Jahrtausends, Bd. 1-3, Bietigheim 1969, bzw. die Ausführungen von M. Eckl (Jakob Lorber, in: Das Wort 60/1990, S. 17) sowie von R. Uhlmann („So sprach der Herr zu mir", Bietigheim 1987). – Zur theologischen Auseinandersetzung, insbesondere zum Jesus- und Christusbild vgl. die ungedruckte Dissertation des evangelischen Theologen *A. Fincke* „Jesus Christus im Werk Jakob Lorbers" (1991).
4. Vgl. *Lorber:* Die Haushaltung Gottes I, zit. nach GL 3/1987, S. 25.
5. Ebd.
6. *Lorber:* Großes Evangelium VI 88,3.
7. *T. Göltenboth:* Kurze Einführung in Wesen und Lehren des Spiritismus und Spiritualismus, S. 164 ff.
8. Vgl. hierzu den religionswissenschaftlichen Befund von *C. Colpe:* Religion und Mythos im Altertum, in: *ders./W. Schmidt-Biggemann (Hg.):* Das Böse. Eine historische Phänomenologie des Unerklärlichen, Frankfurt/M., 1993, S. 13-89. Er spricht hier von einer „Universalisierung des Bösen durch Kosmosverfall" (S. 38 f.) und kommentiert den gnostischen Dualismus zwischen Gott und gottfeindlichem Kosmos: „Das läuft hinaus auf das Herausnehmen des Bösen aus Gott und die ausschließliche, weiterhin ethisch relevante Lokalisierung im Kosmos; es ist hier zustande gekommen durch einen Fall des Guten von oben nach unten, wodurch es materiell wird und damit zugleich böse" (S. 48).
9. *Lorber:* Großes Evangelium IV 103,4.
10. *K. Eggenstein:* Der Prophet Jakob Lorber, München 1992, S. 129.
11. *Lorber:* Großes Evangelium VI 133,3.
12. *W. Joest:* Dogmatik, Bd. 2: Der Weg Gottes mit dem Menschen, Göttingen 1986, S. 351; *W. Pannenberg:* Systematische Theologie, Bd. 2, S. 211 f.
13. *N. Brox:* Erleuchtung und Wiedergeburt. Aktualität der Gnosis, S. 46. Vgl. *K. Rudolph:* Die Gnosis, Göttingen 1990³, S. 21 f.

14. *Universelles Leben (Hg.):* Ich kam – woher? Ich gehe – wohin? Leben nach dem Tod. Die Reise Deiner Seele, Würzburg 1986, S. 14. An anderer Stelle heißt es: „Wir besitzen im Innersten unseres menschlichen Leibes die unsterbliche Seele, einen feinstofflichen Körper, der einst als reines Geistwesen in den himmlischen Welten zu Hause war, in Einheit mit Gott, unserem Ursprung", (*Universelles Leben (Hg.):* Wiedergeburt und christlicher Glaube. Du warst schon öfter auf Erden, Würzburg 1986, S. 11.

15. In den Schriften des Universellen Lebens und des Ordens *Fiat Lux* begegnet der von Lorber erstmals verwendete Begriff der „Urzentralsonne". Wie es dort heißt, sollen sich um sie unzählige Gestirne, im Grunde Vereinigungen von Geistwesen, die ursprünglich eine Einheit in Gott bildeten, sich aber wegen des Luzifer-Falls in unzählige Zentralsonnen, Planeten, Kometen und Monde aufspalteten, in hoher Geschwindigkeit bewegen (vgl. Handbuch Religiöse Gemeinschaften, 1993[4], S. 208). Vgl. hierzu die FIAT-LUX-Broschüre „Geistesschulung durch unseren himmlischen Vater in Jesus Christus", Nr. 50, Egg o.J., S. 5, sowie *Heimholungswerk Jesu Christi (Hg.):* Der unpersönliche und der persönliche Gott. Das abgrenzende, individuelle Empfinden und Denken der Menschen. Gegeben der Prophetin des Herrn durch das Innere Wort im Winter 1981/1982, Würzburg 1982, S. 15. Hinzu kommen die geprägten Vorstellungen über das „innere Wort" und die für Neuoffenbarer typische Allversöhnungslehre.

16. Geistesschulung durch unseren himmlischen Vater in Jesus Christus, Heft 50, S. 5f.

17. *J. Badewien:* Anthroposophie. Eine kritische Darstellung, Konstanz 1990, S. 115f.; vgl. auch *F. Heyer:* Anthroposophie – ein Stehen in Höheren Welten? (R. A. T. 3), Konstanz 1993.

18. *Lorber:* Erde und Mond, Kap 2.

19. Ebd., Kap. 3.

20. Vgl. hierzu *Heimholungswerk Jesu Christi (Hg.):* Die Strahlungsfelder. Die Entstehung der Fallwelten und die Entstehung der Menschheit, Würzburg 1981, S. 15.

21. *Lorber:* Die Haushaltung Gottes, Bd. 3, Kap. 26, 14-16.

22. *W. Lutz:* Neuoffenbarung am Aufgang des 3. Jahrtausends, Bd. 1, Bietigheim 1969, S. 115.

23. *Lorber:* Großes Evangelium II 231,5-6.

24. *Lorber:* Himmelsgaben, Bd. 2, S. 1.

25. *W. Lutz:* Die Grundfragen des Lebens, S. 58.

26. *Lorber:* Bischof Martin, Kap. 119, 10-13.

27. Vgl. *H.-J. Ruppert:* Theosophie – unterwegs zum okkulten Übermenschen, R.A.T. 2, Konstanz 1993, bes. S. 57.67f.

28. Vgl. *W. Mirbach:* Universelles Leben – Originalität und Christlichkeit einer Neureligion, Erlangen 1994 (im Druck).

29. *J. Ibouning:* Der Weg von Fiat Lux, in: Fiat Lux. Entstehung, Lehre, Praxis, Erfahrungsbericht, hg. vom Referat für Weltanschauungsfragen Wien, Nr. 49 der Werkmappe „Sekten, religiöse Sondergemeinschaften, Weltanschauungen", 1988, S. 15.

30. *W. Lutz:* Die Grundfragen des Lebens, S. 207.
31. Eindeutige Parallelen zum gnostischen Erlösungskonzept bis hin zum Gebrauch gnostischer Schlüsselbegriffe lassen sich auch hier nicht leugnen. Gleichermaßen ist in Lorbers Schriften der Mensch auf „Offenbarung" angewiesen, die übernatürlichen Ursprungs ist und ihm den Weg der Rettung weist. Die in der Neuoffenbarung niedergelegte Lehre Jesu übernimmt somit die Rolle der Gnosisvermittlung (vgl. *K. Rudolph:* Die Gnosis. Wesen und Geschichte einer spätantiken Religion, Göttingen 1990³, S. 139). Die genaue Beachtung der Neuoffenbarunglehre Jesu ermöglicht die schrittweise Befreiung des gefesselten Geistfunkens, der den Menschen nach und nach durchdringen wird. Der auf diese Weise „wiedergeborene Mensch" wird nach Lorber „nimmer einen Tod sehen, fühlen noch schmecken, und die Loslösung von seinem Fleisch und aller *Materie* wird ihm höchste Wonne sein. Denn Geist und Seele des Menschen in der Hülle des Leibes gleichen einem Gefangenen, der durch das enge Lichtloch seines *Kerkers* in die Gefilde der Erde hinausschaut und sieht, wie sich freie Menschen auf denselben mit allerlei nützlichen Beschäftigungen erheitern, während er im Gefängnis schmachten muß. Wie froh wird er sein, so der Kerkermeister kommt, die Türe öffnet, ihn von allen Fesseln losmacht und zu ihm sagt: ‚Freund, du bist frei! Gehe und genieße nun die volle Freiheit!' Aber solch seliges Ziel kann der Mensch nur erreichen durch die genaue und aufrichtige Haltung meiner Liebesgebote" (Lorber: Großes Evangelium III 53,5 ff.; Hervorhebung durch Verf.).
32. *Lorber:* Großes Evangelium IX 94,2-5.
33. *Lorber:* Großes Evangelium VI 63.
34. *Lorber:* Großes Evangelium II 133,2-3.
35. *W. Lutz:* Zehn Hauptpunkte der Neuoffenbarung, in: *Lorber-Verlag (Hg.):* Ein Mann hört eine Stimme. Die Neuoffenbarung Jesu durch Jakob Lorber, S. 5 ff.
36. *W. Lutz:* Die Grundfragen des Lebens, S. 37; vgl. auch *R. Uhlmann:* So sprach der Herr zu mir, S. 100 f., sowie *M. Eckl:* Jakob Lorber, in: Das Wort 60 (1990), S. 17.
37. Insbesondere begegnet bei Lorber die gängige spiritistische Vorstellung, wonach sich unvollendete Seelen nach ihrem „Tod" an zentralen Plätzen ihres irdischen Wirkens aufhalten, zumeist in der Nähe ihrer Wohnungen (Großes Evangelium VIII 33,3 ff.); sie könnten, wie Lorber-Anhänger betonen, für Medien gefährlich werden (vgl. *H. Zluhan:* Das jenseitige Fortleben im Licht der Neuoffenbarung, in: Das Wort 62/1992, S. 426, ebenso *W. Thiede:* Die mit dem Tod spielen, Gütersloh 1994, S. 43 f.).
38. *Lorber:* Großes Evangelium XI, S. 243.
39. *H. Zluhan,* a. a. O., S. 414.
40. Ebd., S. 416.
41. *Universelles Leben* (Hg.): Wiedergeburt und christlicher Glaube. Du warst schon öfter auf Erden, Würzburg 1986, S. 12.
42. *S. Shimbo:* Über Johann Heinrich Jung-Stillings „Theorie der Geister-

kunde", Zeitschrift für Parapsychologie und Grenzgebiete der Psychologie 30/1980, S. 246.

43. Vgl. *R. Hummel:* Reinkarnation. Weltbilder des Reinkarnationsglaubens und das Christentum, Mainz/Stuttgart 1988, S. 99f.
44. *Lorber:* Jugend Jesu 297,18.
45. *Lorber:* Himmelsgaben II, S. 446.
46. *W. Lutz:* Die Grundfragen des Lebens, S. 540.
47. *Lorber:* Großes Evangelium V 232,9ff.
48. *Lorber:* Großes Evangelium V 61,4.
49. *Lorber:* Großes Evangelium III 221; vgl. hierzu: *W. Lutz:* Die Grundfragen des Lebens, S. 170 u. 543, sowie *K. Eggenstein:* Der Prophet Jakob Lorber, S. 159.
50. Vgl. hierzu *R. Hummel,* a. a. O., S. 99f.
51. Vgl. etwa den Neuoffenbarer *Johannes Widmann,* durch den Jesus Christus folgendes gesprochen haben soll: „Ich sage euch, alle gefallene Natur, alles Steinige, alles Erdhafte ist im Grunde nichts anderes als eine Energie, die noch im Zustand der Erstarrung ist. Durch Meinen Heiligen Geist wurde diese Energie aufgelockert und aufgeladen, mit Meinem Geist erfüllt. Dieselbe Materie konnte dadurch erst den Rückweg zu Mir beginnen" (*J. Widmann:* Siehe, Ich bin bei euch alle Tage. Empfangen durch das Innere Wort von J.W., Heft Nr. 12, Friedberg o. J., S. 50; Datumsangabe: 30. 10. 1970).
52. *Lorber:* Großes Evangelium IV 152,13.
53. Vgl. *K. Hutten:* Seher, Grübler, Enthusiasten (1982[12]), S. 606-619.
54. *W. Pannenberg:* Systematische Theologie, Bd. 2, Göttingen 1991, S. 416.
55. Vgl. hierzu *W. Joest:* Dogmatik I, S. 317ff.
56. Vgl. *Lorber:* Himmelsgaben II, S. 68.
57. *A. Fincke,* a. a. O., S. 175.
58. Vgl. ebd., S. 178ff.
59. Vgl. *A. Fincke,* a. a. O., S. 178ff. – Es fehlen dem Lorberschen Jesusbild die Elemente jüdischer Frömmigkeit und Lebenswirklichkeit. Problematisch erscheint außerdem, daß Jesus in der „Jugend Jesu" als ein göttlicher Wunderknabe eine geradezu „pseudomenschliche Kindheit" durchlebt, mit den Mächtigen Kontakt pflegt und sich in philosophischen Gesprächen ergeht. Besonders bedenklich wirken die geschilderten Strafwunder Jesu, die nicht mehr neutestamentlichen Grund haben. Das Leiden, Sterben und Auferstehen Jesu wird in seiner Tiefe nicht erfaßt. Der Swedenborgianer *F. Horn* (Zu den Reaktionen auf den Artikel „Zum Problem der Offenbarungskritik", in: Offene Tore 21/1977, S. 132-140) weist auf weitere Widersprüche der Lorber-Bücher zum ntl. Zeugnis sowie auf historische Unstimmigkeiten hin: 1. Die Jünger hätten – so Lorber – zur Zeit Jesu den Gottesnamen „Jehova" ausgesprochen, was für Juden damals jedoch undenkbar war. 2. Der Lorbersche Jesus nennt einer Zeitgenossin eine Bibelstelle mit Kapitel- und Versangabe, wogegen die damals (noch unkanonisierten) Schriften eine solche Einteilung noch nicht vorweisen konnten.

60. *Lorber:* Jugend Jesu 280; Großes Evangelium V 223, 7f.
61. *A. Fincke,* a. a. O., S. 178f.
62. Ebd., S. 180.
63. Vgl. hierzu *B. Lang/C. McDannell:* Der Himmel. Eine Kulturgeschichte des ewigen Lebens, S. 388ff.
64. Ebd., S. 248f. Zum zeitgeschichtlichen Hintergrund *W. Thiede:* Der neuzeitliche Okkultismus in theologischer Perspektive, S. 290f.; zur Renaissance dieser Literatur im 20. Jahrhundert den leider etwas unkritischen, aber dennoch aufschlußreichen Artikel von *W. Gauger:* Botschaft in Offenbarungsbüchern – Phantasie oder Vision?, in: Zeitschrift für Parapsychologie und Grenzgebiete der Psychologie 30, 1-4 (1988), S. 183-201.
65. *G. Haufe:* Individuelle Eschatologie im Neuen Testament, in: Zeitschrift für Theologie und Kirche 83 (1986), S. 462.
66. *M. Eckl:* Jakob Lorber, in: Das Wort 60 (1990), S. 9.
67. Vgl. hierzu die sehr hilfreichen Überlegungen von *W. Thiede:* Die Zeit aus dem Sinn tun. Wie modern ist Luthers Auferstehungshoffnung?, in: Lutherische Monatshefte 31,7 (1992), S. 297-299. Zu Luthers Auferstehungshoffnung vgl. auch *F. Beißer:* Hoffnung und Vollendung, Gütersloh 1993, bes. S. 66ff., sowie *W. Thiede,* Die mit dem Tod spielen, a. a. O., S. 114ff.
68. Vgl etwa die Jenseits-Werke Lorbers „Jenseits der Schwelle", „Vom Himmel zur Hölle" oder „Bischof Martin".
69. *Lorber:* Großes Evangelium X 155,1; vgl. hierzu die Interpretationen *K. Eggensteins:* Der Prophet Jakob Lorber, München 1992, S. 194f.
70. *W. Thiede,* Auferstehungshoffnung, a. a. O., S. 299.
71. *Lorber:* Großes Evangelium VI 54,8-11 zit. nach *K. Eggenstein:* Der Prophet Jakob Lorber, München 1992, S. 193.

Kapitel IV

1. Vgl. die noch z. Zt. des früheren Besitzers Otto Zluhan veröffentlichten Broschüren: „Neue Prophetie – Jakob Lorber" von 1960 sowie die Festschrift des Lorber-Verlages aus dem Jahre 1979. Wichtig in diesem Zusammenhang ist der als Vorabdruck erschienene gekürzte Aufsatz von *F. Zluhan:* Die Herausgeber der Lorberschriften, in: *ders. (Hg.):* Begegnung mit dem prophetischen Werk Jakob Lorbers, Bietigheim 1990, S. 59-71.
2. Vgl. *Ritter von Leitner,* a. a. O., S. 41. Diese Auskunft entstammt den „beglaubigten Mitteilungen über Lorber nach schriftlichen Aufzeichnungen einer nicht genannten Zeitgenossin", die im Anhang von Leitners Lorber-Biographie (S. 41ff.) abgedruckt ist. Ritter von Leitner berichtet allerdings selbst, daß ihm Lorber wenige Tage nach seiner „Berufung zum Schreibknecht" begegnet sei und ihm eröffnet haben soll: „Hören Sie! Ich bekomme eine Offenbarung!" (ebd., S. 29), was er jedoch nicht ernst nahm. Leitner war somit einer der ersten, den Lorber in seinen neuen „Auftrag" eingeweiht hatte.

3. *Ritter von Leitner*, a.a.O., S. 29f.
4. *F. Zluhan:* Die Herausgeber der Lorberschriften, in: *Lorber-Verlag (Hg.):* Begegnung mit dem prophetischen Werk Jakob Lorbers, S. 60.
5. Vorwort des Lorber-Verlages, in: *Lorber:* Himmelsgaben I, S. 5.
6. *Lorber:* Himmelsgaben II, S. 415f.
7. Vgl. *K. Hutten:* Seher, Grübler, Enthusiasten (1982[12]), S. 721.
8. *Lorber:* Himmelsgaben II, S. 408.
9. Ebd.
10. Ebd.
11. Ebd.
12. *O. Zluhan:* Neue Prophetie, S. 11.
13. *K. Eggenstein:* Der Prophet Jakob Lorber, München 1992, S. 21.
14. *R. Rinnerthaler:* Zur Kommunikationsstruktur religiöser Sondergemeinschaften, S. 134f. A.2.
15. *A. Fincke*, a.a.O., S. 183 A.26.
16. M. Peis in einem Schreiben vom 17. 6. 90 an den Verf. – Diese Kundgaben erschienen allerdings etwas später unter dem Titel „Frohe Botschaft vom Morgenroth des Neuen Geistestages" als Nr. 25 der „Sammlung von Neu-Salems Schriften". Der Band trägt in der dritten Auflage den Titel „Licht von Oben über die Grundelemente beim Tischrücken, Klopfen und Schreiben mit Winken über psychische Kraftäußerungen und wirkliche Geisterkorrespondenz. Empfangen vom Herrn durch Jakob Lorber". Zunächst war das Werk 1869 in Dresden bei Johannes Busch erschienen, während die dritte, erweiterte Auflage, die dem Verf. vorlag, 1913 bei Landbeck in Bietigheim gedruckt und zusätzlich mit dem neuen Anhang „Weitere Mittheilungen von seligen Freunden über Magnetismus, Spiritismus und Liebe" versehen worden war.
17. *O. Zluhan:* Neue Prophetie, S. 16.
18. Ebd., S. 16.
19. Zitat von Landbeck nach ebd.
20. *L. Favre-Clavairoz*, a.a.O., S. 160ff.
21. Ebd., S. 161.
22. *C.F. Landbeck (Hg.):* Frohe Botschaft vom Morgenroth des Neuen Geistertags, S. 6.
23. Vgl. *U. Rausch/E. Türk:* Geisterglaube. Arbeitshilfen zu Fragen des Okkultismus, Düsseldorf 1991, S. 16. – Zuvor schon waren derlei Praktiken in Europa durch den „Magnetismus" F. A. Mesmers (1734-1815) vorbereitet (vgl. *K. Hutten:* Seher, Grübler, Enthusiasten, 1982[12], S. 723).
24. *Ch. F. Landbeck*, zit. nach *O. Zluhan*, in: *ders.:* Neue Prophetie, S. 18.
25. *Lorber:* Großes Evangelium IX 98; Neu(jeru)salem im Anschluß an Offb. 21,2.
26. *O. Zluhan:* Neue Prophetie – Jakob Lorber, S. 18.
27. *H. E. Sponder:* Zu den sieben Auflagen des „Großen Evangeliums Johannes", in: *Lorber:* Großes Evangelium I, S. 11.
28. Ebd.

147

29. Vgl. den Hinweis von H. *Obst* (Außerkirchliche religiöse Protestbewegungen der Neuzeit, S. 26), der darauf aufmerksam macht, daß eine solche Entwicklung besonders in der Weimarer Zeit auch bei anderen Neuoffenbarungsgruppen festzustellen ist: z. B. Christliche Gemeinschaft Hirt und Herde, J. Weißenberg und seine Anhänger, die Lorenzianer und die Gralsbewegung. Besonders im Rheinland, in Württemberg und Sachsen fanden diese Gruppen, wie auch die „Freunde des Neusalem-Lichts", treue Anhänger.

30. R. *Rinnerthaler* (a.a.O., S. 141) berichtet, daß dieser jahrelange Streit auch bis vor das Arbeitsgericht in Heilbronn gedrungen ist.

31. A. *Fincke*, a.a.O., S. 29f.

32. Vgl. hierzu ebd., S. 30-33.

33. R. *Rinnerthaler*, a.a.O., S. 148.

34. O. *Zluhan:* 125 Jahre Lorber-Verlag, S. 10.

35. A. *Fincke*, a.a.O., S. 36.

36. F. *Zluhan:* Otto Zluhan – 50 Jahre im Dienste der Neuoffenbarung, S. 23.

Kapitel V

1. R. *Rinnerthaler,* a.a.O., S. 148.

2. K. *Eggenstein:* Wie steht es um die Verbreitung der NO in der Welt?, in: GL (= Geistiges Leben) 2/1984, S. 11.

3. Ebd., S. 12.

4. In der Zwischenzeit wurde es im Düsseldorfer Verlag „Mehr Wissen" veröffentlicht (bis 1991). Im Dezember 1992 gelang es Eggenstein, seine bislang mehrfach überarbeitete und aktualisierte Fassung in der Esoterik-Reihe bei Droemer-Knaur als Taschenbuch unterzubringen. Nach den Angaben in der sechsten Auflage soll das Werk zuvor in folgende Sprachen bereits übersetzt worden sein: Englisch, Französisch, Italienisch, Spanisch und Holländisch.

5. Mitteilungen des Lorber-Verlages 3/1987, S. 7.

6. Für das Halbjahr 1985 (Juli bis Dezember) konnte der Verf. einen Gesamtbetrag von über 700 000. – DM errechnen. Das Gesamtvolumen dürfte sich aber noch einmal erhöht haben.

7. Mitteilungen des Lorber Verlages und des Jakob-Lorber-Förderungswerkes Nr. 6/1991, S. 11f.

8. Das Wort 62 (1992), S. 211.

9. J. G. *Melton:* The Encyclopedia of American Religions, Detroit/Michigan 1987[2], S. 550.

10. GL 1/1989, S. 42f.

11. Mitteilungen des Lorber-Verlages Nr. 1-3 (Mai/Juni 1988), S. 5.

12. V. *Thiessen:* Begrüßungsworte von Vigo Thiessen namens des Verlagsbeirates zur Sommertagung der Lorber-Freunde 1984, in: Das Wort 54 (1984), S. 209.

13. Mitteilungen des Lorber Verlages und des Jakob-Lorber-Förderungswerkes Nr. 6 (Dezember 1987), S. 5.
14. Zit. nach F. Zluhan: 70 Jahre DAS WORT, in: Das Wort 61 (1991), S. 3.
15. Diese Zahl teilte F. Zluhan dem Verf. in einem Brief vom 27. 3. 87 mit. Sie dürfte konstant geblieben sein.
16. Die Dissertation Finckes (a.a.O., S. 28f.) kann für die frühen Ausgaben sicherlich wichtige und auch für die frühen Jahre zutreffende Feststellungen für die Funktion dieser Zeitschrift treffen. In der Gegenwart hat sich ihre Aufgabenstellung etwas verändert. Interne Informationen aus der Lorber-Bewegung enthält seit 1981 nicht mehr „Das Wort", sondern das Organ der Lorber-Gesellschaft „Geistiges Leben" (seit 1981), das Fincke nicht vorgelegen hat.
17. Vgl. M. Pöhlmann: „Sonnenlicht e.V." für die Verbreitung von Lorbers Sonnenheilmitteln, in: Materialdienst der EZW 55 (1992), S. 303-306.
18. Lorber: Die Heilkraft des Sonnenlichtes. Durch das innere Wort empfangen von Jakob Lorber, Bietigheim 1990[5], S. 7.
19. Lorber: Die Heilkraft des Sonnenlichtes, S. 10 (Hervorhebung durch Verf.).
20. Mitteilungen des Lorber-Verlages Nr. 2-3 (1985), S. 10.
21. Ebd., S. 9.
22. Vgl. etwa K. Biertimpel: Die Wirkungsweise der Sonnenheilmittel, in: MIRON e.V. (Hg.): Sonnenheilmittel. Herstellung, Diät, Anwendung, Heilverlauf, Adressen, Olten/Schweiz 1989, S. 11. Hier behauptet der Heilpraktiker und Lorber-Freund Klaus Biertimpel: „Es ist nach unseren Erfahrungen ohne Frage so, dass die Sonnenheilmittel nicht nur den Körper zu heilen imstande sind, sondern dass sie ganz besonders auf die Seele einwirken und auch die Verbindung zwischen Geist und Seele verbessern . . . So haben wir wirklich ein Universalmittel in der Hand, welches zwar jede Krankheit heilen kann, jedoch nicht jeden kranken Menschen. . . Doch zweifellos haben wir hier ein wunderbares Heilmittel durch Jakob Lorber geoffenbart bekommen, das – bei konsequenter Beachtung der angegebenen Diät – für viele Kranke und Leidende zum Segen werden wird."
23. So hielt er des öfteren Vorträge im ETORA-Center auf Lanzarote (vgl. M. Pöhlmann, a.a.O., S. 304).
24. Vgl. im folgenden „Mitteilungen des Lorber Verlages" 3/1992 (S. 9ff.).
25. Aus der Vereinssatzung.
26. Satzung § 4, Abs. 1.
27. Vgl. im folgenden: Lorber-Gesellschaft (Hg.): Wir über uns. Informieren, Begegnen, Bewahren, Bietigheim o. J. (1990), sowie vereinzelte, verstreute Informationen in den Publikationen der Lorber-Bewegung.
28. Das Wort. Zeitschrift der Freunde des Neu-Salems-Lichtes, 10. Jg., Heft 11 (November) 1930.
29. Die Angaben der Gründungsmitglieder in der Broschüre sind unzutreffend; vgl. GL 5/1990, S. 40.
30. Aus der Satzung der Lorber-Gesellschaft vom 15. März 1949.

31. §2 der Satzung.
32. So schrieb etwa Georg Ruske, der Ex-Geschäftsführer der Lorber-Gesellschaft in einem Brief vom 25. März 1987 an den Verf.: „Zu den Gründen über die Trennung von Lorber-Verlag und Lorber-Gesellschaft ist zu sagen, daß sie von jeher zwei in sich verschiedene Institutionen waren und sind." Offenbar ist man bemüht, den „Hauskrach" innerhalb der Lorber-Bewegung herunterzuspielen. Verschwiegen bzw. übergangen wird der Austritt des Gründungsmitgliedes und des Präsidenten O. Zluhan, der doch für die weitere Entwicklung der Lorber-Gesellschaft deutliche Folgen hatte. – Korrigiert werden muß demnach auch die Angabe in dem Artikel von H.-J. Ruppert („Lorber-Bewegung", 1990, Sp. 600), wonach der 1980 ausgetretene und 1983 verstorbene O. Zluhan Präsident der Lorber-Gesellschaft wäre.
33. *Rinnerthaler*, a.a.O., S. 170.
34. GL 1/1981, S. 11.
35. GL 3/1982, S. 14.
36. *K. Eggenstein:* Aufruf zur weltweiten Verbreitung der Neuoffenbarung durch Jakob Lorber, Beilage zum GL 1/1985.
37. GL 1/1981, S. 4.
38. GL 1/1986, S. 15.
39. *Lorber:* Großes Evangelium Johannes III 225, 15.
40. GL 1/1981, S. 4.
41. GL 1/1986, S. 13.
42. Mitteilungen der Lorber-Gesellschaft, GL 1/1991, S. 36f.
43. *G. Ruske* in einem Brief vom 25. 11. 1986 an den Verf.
44. Vgl. das in der Satzung von 1989 beschriebene Ziel der Lorber-Gesellschaft.
45. „Zur Information über die Lorber-Gesellschaft e.V. Bietigheim", in: GL 2/1989, S. 44.
46. GL 1/1982, S. 10.
47. Ebd.
48. Ebd., S. 4.
49. GL 3/1982, S. 15.
50. Mitteilungen der Lorber-Gesellschaft, in: GL 1/1989, S. 38.
51. Brief des geschäftsführenden Vorsitzenden M. Peis vom 10. 6. 92 an den Verf.
52. GL 4/1987, S. 26f.
53. GL 1/1991, S. 36.
54. GL 3/1986, S. 11.
55. GL 3/1990, S. 41f.
56. GL 5/1990, S. 41.
57. *Lorber:* Himmelsgaben I, S. 207.
58. *Ritter von Leitner:* Lebensbeschreibung, S. 34.
59. *K. W. Kardelke:* Der Ursprung der Andritz, in: GL 1-4/1992, hier: GL 2/1992, 45f.

60. *Rinnerthaler* (a.a.O., S. 182) nennt für das Jahr 1982 1100 Exemplare.
61. Wille und Wahrheit, 13. Jg., Nr. 31 (30. April 1989), S. 6.
62. Aus der Satzung der Österreichischen Jakob Lorber-Gesellschaft Graz, abgedruckt ebd., S. 55 (Hervorhebungen durch den Verf.).
63. Vgl. *Rinnerthaler*, a.a.O., S. 180. Deutlich treten auch die Unterschiede im Hinblick auf das jeweilige Spendenaufkommen zutage. Während der deutsche Verein recht hohe Geldbeträge der Lorberianer erhält, gibt es bei dem österreichischen vermehrt Probleme. Immer wieder konnten Einzelnummern der Zeitschrift „Wille und Wahrheit" nicht erscheinen.
64. Wille und Wahrheit, 13. Jg., Nr. 31/1989, S. 55.
65. An weiteren Namen werden genannt: René Jacques Weber (Kassierer), Ute Fischbach (Schriftführerin), Karl-Heinz Arndt (stellv. Schriftführer). Weitere Präsidiumsmitglieder sind: Walter Vogt, Dr. Johannes Jenetzky, Ludwig Kremslehner und Anne Brennan.
66. *R. Rinnerthaler*, a.a.O., S. 200.
67. Buchner, zit. nach: ebd.
68. Ebd., S. 200f. (Hervorhebung durch den Verf.).
69. *M. Heimbucher*, a.a.O., S. 25f.
70. „Das Wort" 10. Jg. (1930), Heft 11.
71. Besondere Beachtung fanden die Schriften Lorbers bei der von dem Görlitzer Kaufmann Fedor Mühle 1923 gegründeten *Gottesbund-Loge Tanatra*, die in ihren gottesdienstähnlichen Versammlungen Kundgaben Jesu empfangen hatte und dabei grundsätzlich vom Fortgang der göttlichen Offenbarungen überzeugt war. Auch in Sachsen fanden diese Gedanken überzeugte Anhänger (vgl. H. Obst, a.a.O., S. 26; *H.-J. Glowka:* Deutsche Okkultgruppen 1875-1937, München 1981, S. 108).
72. *U. Bunzel* (Die nebenkirchlichen religiösen Gemeinschaften Schlesiens, Liegnitz 1936, S. 36) nennt neben einzelnen Versammlungsorten auch folgende Besonderheit: „In Großsäxchen, Krs. Hoyerswerda, hält die ‚Heilige Geige', im Volksmund so genannt, weil sie ihre Lieder mit Geigenspiel begleitet, außer den regelmäßigen Gottesdiensten, jährlich eine große Zusammenkunft ab, zu der die auswärtigen Anhänger in Autobussen erscheinen, um das sogenannte Liebesmahl zu feiern. 25 mögen sich dort zu der Gemeinschaft halten."
73. *A. Fincke*, a.a.O., S. 33.
74. *M. Krawielitzki:* Die Neu-Salems-Bewegung, Bad Blankenburg 1931, S. 9.
75. *K. Hutten:* Seher, Grübler, Enthusiasten (1982[12]), S. 585.
76. *O. Eggenberger* (Die Kirchen, Sondergruppen und religiösen Vereinigungen, 1978[2], S. 86, rechnet mit insgesamt 100.000 Lorber-Lesern. Das „Handbuch Religiöse Gemeinschaften" (hg. v. H. Reller/M. Kießig/H. Tschoerner im Auftrag der VELKD, 1978, S. 86; 1993[4], S. 213) geht nach französischen Angaben von einer Zahl von 45.000 weltweit aus.
77. Ruske in einem Brief von 25. März 1987 an den Verf. Auch M. Peis, Ruskes Nachfolger in der Lorber-Gesellschaft, gibt sich zurückhaltend: „Die Anzahl der Lorberfreunde in der BRD, wie auch woanders, ist absolut

nicht zu sagen, da niemand in das Herz eines andern schauen kann. Genaue Auskunft über Buchbestellungen kann aber der Lorber-Verlag in Bietigheim angeben" (aus einem Brief v. 10. 6. 90 an den Verf.).

78. „Es ist mir nicht bekannt, auch nicht schätzungsweise, wieviel Lorber-Freunde es auf der Welt und in der Bundesrepublik gibt, da diese bekanntlich nicht organisiert sind" (F. Zluhan in einem Brief vom 27. 3. 87 an den Verf.).

79. *O. Eggenberger:* Die Kirchen, Sondergruppen und religiösen Vereinigungen (1990[5]), S. 180.

80. GL 2/1993, S. 37.

81. Vgl. Mitteilungen der Lorber-Gesellschaft, „Aufruf!" (G. Lamprecht), in: GL 1/1992, S. 26.

82. GL 2/1993, S. 37.

83. Ebd., S. 26.

84. GL 1/1986, S. 6.

85. Mitteilungen der Lorber-Gesellschaft, „Aufruf!" (von G. Lamprecht), in: GL 1/1992, S. 25.

86. Ebd.

87. Ebd.

88. Ebd., S. 27.

89. *G. Lamprecht:* Ein ganz normaler Freundeskreis, in: GL 1/1986, S. 42.

90. *G. Lamprecht:* Warum eigentlich Freundeskreise?, in: GL 2/1986, S. 40.

91. Ebd.

92. Ebd.

93. *F. Kraichauf:* Nachgedanken zur Tagung, in: Das Wort 55 (1985), S. 292.

94. Ebd.

95. *G. Lamprecht:* Warum eigentlich Freundeskreise?, in: GL 2/1986, S. 41.

96. *Lorber:* Himmelsgaben II, S. 436.

97. *R. Rinnerthaler*, a. a. O., S. 219.

98. Leserbrief von F. Taucher, in: GL 2/1983, S. 19-23.

99. *H. Betsch:* Wie man Freunde gewinnt, in: GL 1/1983, S. 14.

100. Mitteilungen der Lorber-Gesellschaft (C. Zimmer), in: GL 2/1986, S. 10.

101. Ebd.

102. *R. Rinnerthaler*, a. a. O., S. 204.

103. *R. Rinnerthaler*, a. a. O., S. 240.

104. *K. Eggenstein:* Wie steht es um die Verbreitung der Neuoffenbarung in der Welt?, in: GL 2/1984, S. 16.

Kapitel VI

1. *V. Mohr:* Brief an einen jungen Lorberfreund, in: Das Wort 33 (1963), S. 164.

2. *Lorber:* Die Haushaltung Gottes I, Kap. 4, 9ff.

3. *Lorber:* Erde und Mond, Kap. 73.

4. Nach *R. Uhlmann:* So sprach der Herr zu mir, S. 311 f.
5. *Lorber:* Himmelsgaben I, S. 298.
6. *R. Uhlmann:* So sprach der Herr zu mir, S. 295.
7. *Lorber:* Himmelsgaben I, S. 298.
8. *Lorber:* Himmelsgaben I, S. 97.
9. *R. Uhlmann:* Der Wert der Prophetie Jakob Lorbers für die Kirche in heutiger Zeit, in: Das Wort 56 (1986), S. 117.
10. *K. Eggenstein:* Der Prophet Jakob Lorber, S. 85 ff.
11. Ebd., S. 90.
12. GL 2/1989, S. 38 ff.
13. K. Eggenstein in einem Rundschreiben an die Lorber-Freunde, Manuskript (ca. 50 Seiten), S. 22; Kopie im Besitz des Verf.
14. GL 1/1989, S. 39-42, bzw. 2/1989, S. 38 f.
15. *R. Uhlmann:* Der Wert der Prophetie Jakob Lorbers, S. 117.
16. Ebd., S. 318.
17. *M. Eckl:* Das Sektenwesen und die Neuoffenbarung, in: GL 1/1992, S. 19 f.
18. Ebd., S. 21.
19. Vgl. ebd., S. 21 ff.
20. GL 3/1983, S. 38 (Hervorhebung durch Verf.).
21. *K. Eggenstein:* Der Prophet Jakob Lorber, München 1992, S. 106 ff. Schon bei Lorber gelten einzelne biblischen Evangelien als nicht besonders zuverlässig. Lediglich die Evangelien nach Matthäus und Johannes zeichneten sich größtenteils durch zutreffende Angaben aus (in: Das Wort 63/1993, S. 183), während die beiden anderen Mißverständnisse enthielten.
22. So hätte Matthäus von Jesus den Auftrag erhalten, lediglich historische Angaben niederzuschreiben, während Johannes mit der Aufzeichnung der Lehre Jesu betraut worden sei (vgl. den Vorabdruck der Supplemente zum Großen Evangelium zit. nach: Das Wort 63/1993, S. 177). Matthäus wird in diesem Zusammenhang irrigerweise mit dem an die Stelle des Judas getretenen Jünger *Matthias* identifiziert. Das Original seines Evangeliums lagere „in einer sehr großen Büchersammlung einer bedeutenden Bergstadt Hinterindiens" (ebd.). Das biblische Matthäusevangelium entstamme dagegen der Hand des Sidoniers l'Rabbas, der aus seinen 14 Evangelien eine Art Zusammenschau angefertigt hatte. Das Johannesevangelium gehe nach den Aussagen der „Neuoffenbarung" direkt auf den Seher von Patmos zurück und sei zwischen 66 bis 70 n. Chr. entstanden.
23. Exemplarisch ist in diesem Zusammenhang ein für Lorber-Freunde geschriebener Erlebnisbericht eines Neuoffenbarungsanhängers, dem die Bibellektüre in Kirchenveranstaltungen vor dem Hintergrund seines Jenseitswissens Schwierigkeiten bereitet: „Die Gnade ist, daß wir dies alles verstehen und begreifen dürfen, da wo andere unberührt und achselzuckend vorübergehen. Es ist schon eine Gnade, liebe Freunde, daß wir nun offenen Herzens über alle Buchstaben hinaus den Göttlichen Geist herauszufühlen vermögen, der allein lebendig macht! Und diesen Geist, liebe

Lorberfreunde, hat euer Chronist in vielen Bibelstunden vermißt und sich statt dessen – mit den Buchstaben begnügen müssen! Jesus aber sagt: Folget euerer Kirche in ihrem Begehren; lasset aber eure Herzen von Mir ziehen – dann werdet ihr sehr bald zum Leben der Gnade und der Wiedergeburt des Geistes gelangen und eure äußere Kirche beleben! Das ist es, weshalb ich an dem kirchlichen Leben teilnehme, so gut es geht" (*G. Deege:* Erfahrungen eines Lorberfreundes – Bibelstunden, in: Das Wort 63/1993, S. 231-235; S. 235).

24. *Lorber:* Himmelsgaben II, S. 374.
25. So ist die Rede davon, daß der Taufe die Buße des einzelnen vorangehen bzw. ihr folgen müsse. So heißt es im Großen Evangelium Lorbers (IV 110,8): „Es ist besser, die Wassertaufe erfolgt erst dann, wenn ein Mensch bereit und fähig ist, alle Bedingungen zur Heiligung seiner Seele und seines Leibes aus seiner Erkenntnis und aus freiwilliger Selbstbestimmung zu erfüllen."
26. *A. Fincke,* a. a. O., S. 175.
27. *Lorber:* Großes Evangelium IV 110, 6.
28. Ebd., 110, 5.
29. *Lorber:* Himmelsgaben I, S. 20.
30. *Lorber:* Großes Evangelium IX 58, 2-3.
31. Ebd., 73. Dort befindet sich Jesus noch in Galiläa.
32. *M. Eckl:* Jakob Lorber – Leben und Werk eines Gottesboten, in: Das Wort 60 (1990), S. 12.
33. *W. Lutz:* Die Grundfragen des Lebens in der Schau des Offenbarungswerkes Jakob Lorbers, Bietigheim 1969, S. 369.
34. *P. Keune:* Die Stufen der Wiedergeburt, in: Das Wort 56 (1986), S. 357.
35. Zuschrift von Reinhard Bethke unter der Rubrik „Begegnung" – Briefe der Lorber-Studiengemeinschaft, in: GL 4/1982, S. 29.
36. Vgl. etwa die Ratschläge Lorbers an seinen Bruder Michael in Greifenburg/Oberkärnten vom 24. August 1864: „Du mögest nur beständig sein in deiner Liebe und billigen Gerechtigkeit. Und du mögest dich, aus Liebe zu Ihm, soviel als möglich vom Beischlaf enthalten, der bloß auf sinnliche Befriedigung abgesehen ist. Dann sollst du auch bald einen so geweckten Geist haben, vor dessen Blicken der Mittelpunkt der Erde wie ein Wassertropfen unter dem Mikroskop enthüllt liegen soll ... O liebster Bruder, denke ja nicht, daß das Worte *meiner* Erfindung seien. Sie kommen aus dem höchsten aller Himmel. Daher beachte sie wohl in deinem Herzen!" (in: Himmelsgaben I, S. 108 f.).
37. *U. Preikschat:* Nur nicht mit der Tür ins Haus fallen – Gedanken zur Verbreitung des Lorberwerkes, in: GL 3/1989, S. 39 ff.
38. Ein Lorber-Freund erzählt von einem Bietigheimer Tagungsgespräch mit einer Schweizer „Geistesschwester": „Ach, ist das schön, rief sie, wenn man wieder mit einem Menschen über alles reden kann! Ein ganzes Jahr muß man warten, und ein ganzes Jahr freut man sich darauf. Die Menschen sind ja so dumm, sie sagen, das sei eine Irrlehre, und meinen, ich sei jetzt in

so einer Sekte ... Wenn man sieht, wie es jetzt in der Welt aussieht, sie werden noch alle darauf kommen! ... Die Erfahrungen jener aufrechten Schweizer Lorberfreundin hat auch jeder von uns schon gemacht. Unsere lieben Kirchenchristen sind allesamt ungläubige Thomasse, die erst einmal *sehen* wollen, bevor sie glauben können" (*G. Deege:* Erfahrungen eines Lorberfreundes – Eine Irrlehre?, in: Das Wort 63/1993, S. 162-168; S. 168).

39. Gutachten über die Lorber-Kreise von *K. Hutten* (29. 12. 1970).
40. Lediglich Eggenberger (a. a. O., 1990⁵, S. 179f.) behandelt sie unter diesem Oberbegriff, meint aber, sie würden durch den Verlag untereinander verbunden, was sich allerdings als unzutreffend erwiesen hat.
41. *F.-W. Haack:* Das Heimholungswerk der Gabriele Wittek, S. 58.
42. Vgl. *F. Heyer:* Konfessionskunde, S. 684.
43. Vgl. die Überlegungen von *F.-W. Haack:* Zur Frage der „Doppelmitgliedschaft" kirchlicher Mitarbeiter, S. 24f.
44. Vgl. die für die kirchliche Praxis vorgesehenen Hinweise im „Handbuch Religiöse Gemeinschaften" der VELKD, Gütersloh 1993⁴, S. 216.
45. Vgl. die grundsätzlichen Überlegungen von *J. Müller:* Kontakte mit dem Jenseits? Spiritismus/Spiritualismus heute, in: *ders.:* Kontakte mit dem Jenseits? Spiritismus aus christlicher Sicht, Freiburg/Zürich 1988, S. 23.
46. An manchen Stellen der „Neuoffenbarung" ist von Lorber gar als einem „unnützen Knecht" die Rede.
47. Vgl. nur *K. Hutten:* Lorber-Gesellschaft, in: RGG³ IV, Sp. 449 bzw. *H.-D. Reimer:* Lorber-Gesellschaft, in: Materialdienst der EZW 35 (1972), S. 155.
48. *G. Siedenschnur:* Lorber-Gesellschaft, in: EKL II (1958), Sp. 1153-1154.
49. *K. Hutten:* Die Glaubenswelt des Sektierers, S. 32: „Es gibt Gemeinschaften, deren geistiges Profil noch zuwenig verfestigt ist, so saß sie, in einer Zwischenzone zwischen Kirche und Sekte stehend, erst noch die Entscheidung über ihren weiteren Weg zu treffen haben, oder die nach anfänglicher Trennung sich wieder in die Nähe der Kirche zurückentwickelt haben. Man sollte diese Gruppen besser als ‚religiöse Sondergemeinschaften' denn als ‚Sekten' bezeichnen."
50. *H. Reller/M. Kießig/H. Tschoerner (Hg.):* Handbuch Religiöse Gemeinschaften (⁴1993), S. 191; dieser Kategorie werden auch die *Katholisch-apostolischen Gemeinden, die Philadelphia-Bewegung, die Tempel-Gesellschaft, die Lorenzianer* sowie die Gemeinschaft der Siebenten-Tags-Adventisten zugeordnet.
51. Geradezu symptomatisch scheint in diesem Zusammenhang eine Äußerung des Ex-Präsidenten der Lorber-Gesellschaft Carl Zimmer zu sein, als er die Lorber-Freunde zur Tagung lud: „Wir wollen durch unser liebevolles Beieinander und in der Liebe zu unserem Herrn Jesus Christus einen Wall gegen die vielen negativen Dinge dieser Welt bilden, damit ‚der Kelch an uns vorübergehe'!" (GL 2/1984, S. 6).
52. *R. Rinnerthaler*, a. a. O., S. 226f..
53. Vgl. ebd., S. 87ff.

Kapitel VII

1. *Lorber:* Großes Evangelium IX 94,4f.
2. *G. Mayerhofer:* Predigten des Herrn, S. 6f.
3. *Lorber:* Himmelsgaben I, S. 174.
4. Zit. nach dem Vorwort des Lorber-Verlages zum 11. Bd. des „Großen Evangeliums" – Empfangen durch Leopold Engel, S. 6.
5. Ebd., S. 5.
6. *L. Engel:* Großes Evangelium XI 74,22.
7. Sie wird in der Ausgabe „Briefe Jakob Lorbers" (S. 34) als eine „hochgeschätzte Dame und Grazer Hausbesitzerin" erwähnt. Gleichzeitig dient sie generell als Gewährsfrau für die „beglaubigten Mitteilungen über Lorber".
8. GL 1/1986, S. 4ff.
9. Vgl. im folgenden die Angaben von *M. Peis:* Georg Riehle, ein „Werkzeug Gottes", in: GL 1/1987, S. 10ff.
10. *K. Hutten:* Seher, Grübler, Enthusiasten (1982^{12}), S. 628.
11. *G. Riehle:* 50 Jahre Bahnbrecher der Göttlichen Liebe, Lorber-Verlag.
12. *K. Hutten:* Seher, Grübler, Enthusiasten (1982^{12}), S. 628.
13. Bereits seit dem Jahre 1841 soll der Anhänger Swedenborgs und Begründer des Reutlinger Bruderhauses *Gustav Werner* (1809-1887) in Bietigheim gepredigt haben. Dabei fand er Aufnahme in den Häusern der Familie des Lorber-Verlegers Landbeck sowie der Familie Ladner. Mit dem Verlag pflegte er engen Kontakt. „Johanna Ladner (1824-1886) ... half in Werners Reutlinger Anstalt mit und machte sich mit den ‚Vaterbriefen' in Landbecks Verlag einen Namen, aber nicht nur hier, sondern auch in Österreich, wo Friedrich Landbeck (1840-1921) als Wanderprediger unter dem Einfluß der Theosophen Mayerhofer und Lorber von Triest aus Anhänger gewann" (*H. Roemer:* Geschichte der Stadt Bietigheim, zit. nach: *F. Klatt:* Zu Freude und Schönheit – zu Blüten und Edelsteinen, in: Das Wort 59 (1989), S. 291).
14. *K. Hutten:* Seher, Grübler, Enthusiasten (1982^{12}), S. 621.
15. Zit. nach: Das Wort 60 (1990) S. 158. – Der Lorber-Verlag hat in diesem Zusammenhang auch die Neuauflage der Werke „Vom inneren Leben – Worte der Ewigen Liebe" sowie „Banjalita oder Die immerwährende Einkehr" (empfangen von Johannes Fischedick) angekündigt. Wie aus der Broschüre „Ein Mann hört eine Stimme" (S. 34) hervorgeht, wird zusätzlich das Werk „Über allen Wundern bist du. Gespräche in der Kammer" angeboten.
16. *M. Eckl* (Gedanken zur Frage der Trinität Gottes, in: Das Wort 59 [1989], S. 71ff.) nennt als wichtige Zeugnisse Gottes „über Sich Selbst" die „Vermittler" Lorber, Ida Kling, Johanna Ladner und Johannes Widmann.
17. *F.-W. Haack:* Rendezvous mit dem Jenseits, S. 78.
18. GL 1/1981, S. 24.
19. GL 4/1982, S. 24.

20. Ebd.
21. Ebd., S. 24 f.
22. Ein kritischer Leserbrief von *W. Graser*, in: GL 5/1990, S. 46.
23. Vgl. *K. Hutten:* Seher, Grübler, Enthusiasten (1982[12]), S. 660-669.
24. Aus dem Werbeprospekt des Lichtkreises Christi e. V. Übersee am Chiemsee.
25. Mitteilungsblatt der Lorber-Gesellschaft, Nr. 2 (1971), S. 7.
26. GL 2/1987, S. 42 ff.
27. GL 1/1981, S. 6.
28. Mitteilungen der Lorber-Gesellschaft, in: GL 2/1985, S. 5.
29. Ebd.
30. Brief vom 25. 11. 1986 an den Verf.
31. *H.-D. Reimer:* Der Kreis der Neuoffenbarer, in: Materialdienst der EZW 39 (1976), S. 197 f. – Im Unterschied zu spiritistischen Durchgaben und zu sog. Tieftrancebotschaften spricht man auch in der kritischen Literatur von „Neuoffenbarungen" Lorbers (vgl. H.-J- Ruppert: Okkultismus, S. 86).
32. Vgl. *J. Müller:* Kontakte mit dem Jenseits? Spiritismus/Spiritualismus heute, S. 19 ff.
33. Vgl. nur die Aussage von *M. Eckl*, die zu berichten weiß: „So stehen auch die Kirchenchristen im Jenseits oft vor unerwarteten Schwierigkeiten, da sie ihre mitgebrachte Gottesvorstellung nicht bestätigt finden und sich daher in ihren Erwartungen getäuscht sehen . . . Wir, die in den Neuoffenbarungen Gottes Wort erkannt und angenommen haben, bitten den Vater nicht mehr durch Jesus, wie in der Kirche in allen Bittgebeten üblich . . ., sondern wir bitten Jesus den Vater, wir beten zu dem in Jesus verkörperten Vater" (GL 2/89, S. 73 f.).

Kapitel VIII

1. Vgl. *H.-J. Goertz:* Religiöse Bewegungen in der frühen Neuzeit, Enzyklopädie Deutscher Geschichte, Bd. 20, Oldenburg 1993, S. 36 f.
2. *B. Grom:* Religionspsychologie, München/Göttingen 1992, S. 314.

Werner Thiede

Scientology – Religion oder Geistesmagie?

In der Reihe „Apologetische Themen", Band 1
160 Seiten; Format: 12 x 18 cm;
ISBN 3-7621-7701-5

Alle reden von Scientology – aber was ist diese Organisation ihrem Wesen nach? Religion, Jugendsekte, Philosophie, Wirtschaftsunternehmen, Psychokonzern oder was sonst? Erstmals werden die entscheidenden Grundlagen und Hintergründe von Scientology aus religionswissenschaftlicher und theologischer Sicht sowie unter soziokulturellen, religions- und tiefenpsychologischen Aspekten in den Blick genommen. Das Hauptanliegen dieses Buches aber ist es, in der heiklen Frage, ob Scientology überhaupt als eine „Religion" einzuschätzen sei, die Diskussion ein entscheidendes Stück voranzubringen. Deshalb entwickelt der Autor den Begriff „Geistesmagie", der in seiner Sachgemäßheit geeignet sein dürfte, falsche Alternativen im Bemühen um eine zutreffende Beurteilung der scientologischen Lehre und Praxis zu überwinden und wichtige Klärungen zu ermöglichen.

Im Zentrum der bisher wohl gründlichsten Auseinandersetzung mit den weltanschaulichen Hintergründen des Hubbardschen Imperiums steht die Frage nach dem Wesen scientologischer Ideologie . . . Daß deren Triebkräfte nicht religiöser, sondern vor allem magischer Natur sind, hat Werner Thiedes Analyse kompetent deutlich gemacht.   *Jörg Herrmann*

 Friedrich Bahn Verlag Konstanz

Hans-Jürgen Ruppert

Theosophie – unterwegs zum okkulten Übermenschen

In der Reihe „Apologetische Themen", Band 2
144 Seiten; Format: 12 x 18 cm;
ISBN 3-7621-7702-3

Esoterik und Okkultismus in unserer Zeit setzen die Kenntnis der Theosophie voraus, die die interkonfessionellen, synkretistischen Bestrebungen der heutigen New-Age-Bewegung mit ihren Selbsterlösungstendenzen („okkultes Übermenschentum") erstmals zum Programm erhoben hat. Rupperts Darstellung des Themas, die durch eine Dokumentation theosophischer Texte und Stellungnahmen ergänzt wird, ist eine kritische Auseinandersetzung mit der Neu- und Umdefinition zentraler biblisch-christlicher Glaubensinhalte (Gott, Christus, Erlösung usw.) im Konzept der Theosophie und ihrer Wirkungsgeschichte.

Endlich ein Buch zur Theosophie, der Mutter der gegenwärtigen Esoterik! Lange schon wurde eine solche Monographie über die „Theosophische Gesellschaft" auf dem deutschen Büchermarkt vermißt, wie Ruppert sie jetzt erarbeitet hat. Das vorliegende Buch gibt einen überschaubaren und zugleich gründlichen Überblick über die Theosophie, der detailliert unterrichtet, ohne sich zu sehr in Einzelheiten zu verlieren.   *Jan Badewien*

Friedrich Bahn Verlag Konstanz

Friedrich Heyer

**Anthroposophie –
ein Stehen in
Höheren Welten?**
In der Reihe „Apologetische
Themen", Band 3
128 Seiten; Format: 12 x 18 cm;
ISBN 3-7621-7703-1

Heyers Darstellung ist ein kritischer Dialog mit der Anthroposophie Rudolf Steiners aus christlicher Sicht. Die Dialogpartner sollen sich selbst und den anderen besser kennenlernen, ohne die Positionen zu verwischen. Um das Anderssein des anderen respektieren zu lernen, ohne die Positionen zu verwischen. Um das Anderssein des anderen respektieren zu lernen, wird das unterschiedliche Profil der Orientierungen präzise herausgearbeitet. Das Buch geht darüber hinaus auf die Impulse ein, die von der anthroposophischen Bewegung ausgegangen sind: Waldorf-Pädagogik, Christengemeinschaft, biologisch-dynamische Landwirtschaft, Eurythmie, Sprachgestaltung und Medizin.

„Dies ist wohl die seit langem originellste, kenntnisreichste, die Auseinandersetzung entschlossen und auf hohem Niveau führende Darstellung der Anthroposophie aus evangelischer Sicht. Der bekannte Heidelberger Konfessionskundler vermag sich tiefgründig in Steiners Denken einzufühlen und mit souveränem Überblick auch bisher weniger beachtete Aspekte einzubeziehen. Unterschiede zur christlichen Position werden deutlichen formuliert, Dialogmöglichkeiten mit der Anthroposophie sondiert. Eine spannend zu lesende Steiner-Deutung – frei von anthroposophischen Denkschablonen wie von kleinkarierter Kritik."

Hans-Jürgen Ruppert

 Friedrich Bahn Verlag Konstanz